FASZINATION ERDE

DEUTSCHLAND

Moderne und Historie: Keine Stadt in Deutschland besitzt eine solch imposante Skyline wie die Bankenmetropole Frankfurt am Main. Im gotischen Kaiserdom wurden einst die deutschen Kaiser gekrönt.

FASZINATION ERDE

DEUTSCHLAND

Sinnbild der deutschen Romantik: Hoch über der Heidelberger Alstadt erhebt sich die Ruine des kurfürstlichen Schlosses, dessen bekanntester Bauteil, der Ottoheinrichsbau, in der Zeit der Renaissance entstand.

ZU DIESEM BUCH

Warum in die Ferne schweifen, wenn das Gute liegt so nah?

»Willst du immer weiter schweifen? Sieh, das Gute liegt so nah.
Lerne nur das Glück ergreifen. Denn das Glück ist immer da.«

Johann Wolfgang von Goethe in seinem Gedicht »Erinnerung«.

Deutschland, ein Land voller Gegensätze, zwischen Meer und Hochgebirge gelegen, ist reich an Naturschönheiten und beeindruckenden Landschaften: vom Wattenmeer der Nordsee und den Kreidefelsen auf Rügen, vom stillen Flachland über die waldreichen Mittelgebirge und die romantischen Flussläufe von Rhein, Mosel, Neckar und Donau bis zu den atemberaubenden Kalkformationen der Alpen im Süden. Voller Gegensätze und kostbar sind auch die kulturellen Schätze in Deutschland: pulsierende Metropolen mit weltberühmten Bauwerken und Museen, prachtvolle Schlösser und Residenzen, romantische Burgen und grandiose Kirchen und Klöster, mittelalterlich geprägte Kleinstädte und ländliche Idyllen mit versteckten kulturellen Juwelen.

Dieser Bildband ist eine fotografische Entdeckungsreise durch Deutschland. Die großformatigen farbigen Abbildungen bieten neue Perspektiven auf die vielfältigen Schönheiten, die sich uns direkt vor der Haustür bieten. Der weitgespannte Bogen zieht sich über alle Bundesländer, vom nördlichen Schleswig-Holstein bis zu den bayerischen Alpen im Süden. Neben den kulturhistorisch bedeutenden Landschaften, Städten und Stätten, von denen zahlreiche als UNESCO-Weltkultur- oder -naturerbe geschützt sind, finden Sie in diesem Band ausführliche Spezialseiten zu historischen, kulturellen und kulinarischen Themen, die zusätzliche Facetten beleuchten und wertvolle Hintergrundinformationen geben. Die kurzen Begleittexte erklären wichtige geschichtliche oder politische Zusammenhänge und lenken den Blick auf das Wesentliche.

Auf die geografisch gegliederten Bildkapitel folgt ein Atlasteil, der Ihnen dabei hilft, die jeweiligen Sehenswürdigkeiten schnell und einfach zu finden. Das abschließende Register, das die Bildband- und Atlasseiten miteinander verknüpft, enthält die wichtigsten Internetadressen zur weiteren Orientierung. Warum also in die Ferne schweifen? Halten Sie es wie Goethe einst und lassen Sie sich auf einer Reise zu Bekanntem und Unbekanntem in Deutschland verzaubern.

Wolfgang Kunth

Abendstimmung an der Seebrücke in Sellin auf Rügen. Das 394 Meter lange Bauwerk wurde in den 90er-Jahren originalgetreu wieder errichtet und ist sicher die schönste Seebrücke an der Ostseeküste.

SCHLESWIG-HOLSTEIN, HAMBURG

Helgoland 10
Schleswig 12
Sylt 14
Nationalpark Wattenmeer 16
Fehmarn, Holsteinische Schweiz, Lauenburger Seen 18
Hansestadt Lübeck 20
Hansestadt Hamburg 22
Hamburger Hafen 24

NIEDERSACHSEN, BREMEN

Ostfriesland 28
Hansestadt Bremen 30
Altes Land, Stader Geest, Lüneburger Heide 32
Braunschweig, Hildesheim, Wolfenbüttel 34
Harzvorland, Oberharz, Hochharz 36
Weserrenaissance 38

MECKLENBURG-VORPOMMERN

Schwerin, Wismar 42
Rostock, Stralsund 44
Vorpommersche Boddenlandschaft, Hiddensee 46
Rügen 48
Kaiserbäder 50
Usedom 52
Mecklenburgische Seenplatte 54

BRANDENBURG, BERLIN

Schorfheide, Havelland, Fläming 58
Das »alte« Berlin 60
Das »neue« Berlin 62
Kunstmetropole Berlin 64
Potsdam 66
Sanssouci 68
Spreewald 70

NORDRHEIN-WESTFALEN

Münsterland 74
Wasserschlösser 76
Düsseldorf und der Niederrhein 78
Monumente der Industriekultur 80
Ostwestfalen 82
Köln 84
Kirchen, Klöster und Museen 86
Aachen 88
Brühl, Bonn 90
Sauerland, Bergisches Land, Siegerland 92

RHEINLAND-PFALZ, SAARLAND

Eifel 96
Nürburgring 98
Moseltal 100
Edle Tropfen 102
Mittelrhein 104
Kaiserdome 106
Pfälzer Wald, Saartal 108

HESSEN, THÜRINGEN

Kassel 112
Fachwerk 114
Fulda, der Vogelsberg und die Rhön 116
Limburg und das Lahntal 118
Frankfurt am Main 120
Odenwald 122

INHALTSVERZEICHNIS

Wartburg 124
Erfurt 126
Weimar 128
Goethe und Schiller 130
Thüringer Wald, Saaletal 132

SACHSEN-ANHALT, SACHSEN

Magdeburg und die mittlere Elbe 136
Wörlitz 138
Quedlinburg, Wernigerode 140
Lutherstadt Wittenberg 142
Halle, Naumburg und das Saaletal 144
Leipzig 146
Dresden 148
Die Frauenkirche in Dresden 150
Oberes Elbetal 152
Sächsische Schweiz 154
Lausitz 156
Zwickau, Chemnitz und das Erzgebirge 158

BADEN-WÜRTTEMBERG

Heidelberg 162
Neckartal 164
Stuttgart 166
Oberrhein 168
Freiburg im Breisgau 170
Badische Weinstraße 172
Nördlicher und Mittlerer Schwarzwald 174
Südschwarzwald und Hochrhein 176
Schwäbische Alb und Donautal 178
Ulm 180
Oberschwaben 182
Fasnacht 184
Bodensee 186

BAYERN

Spessart, Mainfranken 190
Würzburg 192
Würzburger Residenz 194
Bamberg 196
Bayreuth 198
Nürnberg 200
Romantische Straße 202
Rothenburg ob der Tauber 204
Niederbayern, Donautal 206
Regensburg, Passau 208
Bayerischer Wald 210
Lindau, Ober- und Ostallgäu 212
Neuschwanstein 214
Augsburg 216
München 218
Kunst und Kultur in München 220
Bier und Brezn 222
Fünfseenland, Isar- und Loisachtal 224
Bayerische Alpen 226
Chiemsee 228
Berchtesgadener Land 230

Atlas 232
Register, Webadressen 250

Der Hamburger Hafen ist einer der größten Europas. Ein vertrauter Anblick sind hier die zahlreichen Hafenschlepper, die die »dicken Pötte« sicher von der Elbmündung an die Hafenkais und zurück geleiten.

Eine weithin sichtbare Landmarke auf der Halbinsel Eiderstedt ist der von zwei baugleichen Häusern flankierte Leuchtturm von Westerhever. Die Reichweite des Leuchtfeuers beträgt bis zu 50 Kilometer.

SCHLESWIG-HOLSTEIN, HAMBURG

Schleswig-Holstein – das ist das »Land zwischen den Meeren«, zwischen der ruhigen Ostsee und der oft sturmgepeitschten Nordsee. Zwischen beiden Meeren erstreckt sich eine liebliche Landschaft aus bewaldeten Geesthügeln und Seen. Wuchtige Backsteinkirchen, reetgedeckte Höfe und zahlreiche Museen zeugen von der reichen Kultur des nördlichsten Bundeslandes. Rund 100 Kilometer von der Nordsee entfernt an der Elbe liegt die Freie und Hansestadt Hamburg, deren Bild seit Jahrhunderten von Handel und Hafen geprägt wird.

Das Wahrzeichen Helgolands ist der 48 Meter hohe Felssporn »Lange Anna«. Seit einiger Zeit trägt er ein Betonkorsett, das ihn vor dem Einsturz bewahren soll. Die Felsen Helgolands sind zudem das Revier zahlreicher Seevögel: So nisten hier die Trottellumme – der Charaktervogel der Insel (oben) –, der Basstölpel (Mitte) und der Tordalk. Am Nordstrand der Badedüne befindet sich ein Ruheplatz für Seehunde und Kegelrobben (großes Bild). Hier lassen sich die Meeressäuger so nah wie nirgends sonst in Deutschland beobachten.

HELGOLAND

Geologische und historische Forschungen belegen, dass Helgoland noch um 800 Teil einer großen Insel mit 190 Kilometer Küstenlinie war. Heute besteht das Eiland nur mehr aus dem 1 Quadratkilometer großen und 60 Meter aufragenden Buntsandsteinfelsen und der benachbarten Badedüne. Trotzdem war das Eiland immer wieder heiß umworben: Um 1400 kam die von Friesen bewohnte Insel zum Herzogtum Schleswig-Holstein. 1807 eroberte die britische Marine die Insel. Im Austausch gegen Sansibar erhielt Deutschland 1890 Helgoland zurück, das dann zu einem Marinestützpunkt ausgebaut wurde. Nach dem Zweiten Weltkrieg nutzte die britische Luftwaffe die Insel als Übungsziel. Erst 1952 wurde Helgoland wieder an Deutschland zurückgegeben. Einst lebten die Helgoländer vom Fischfang. Der hier gefangene Hummer ist immer noch eine begehrte Spezialität. Heute ist jedoch der Tourismus der wichtigste Erwerbszweig. Er setzte bereits 1826 mit der Gründung eines Seebads ein. Zunächst kamen nur wenige Gäste, die die frische Luft und die Einsamkeit schätzten. Heute steuern täglich Linien- und Ausflugsschiffe Deutschlands einzige Hochseeinsel an. Ein altes Privileg sichert den Helgoländer Fischern das Recht, die Tagesgäste von Bord der Seebäderschiffe an der Reede mit ihren Börtebooten überzusetzen.

Die Hauptsehenswürdigkeit der Stadt Schleswig ist der ab 1134 errichtete Dom St. Petri. Innen erwartet den Besucher ein Meisterwerk der europäischen Holzschnitzkunst, der Bordesholmer Altar von Hans Brüggemann (1521). Unweit von Schleswig und der historischen Fundstätte wird im Wikinger-Museum Haithabu die Kultur der Wikinger dokumentiert (unten). Im Landesteil Schleswig an der Grenze zu Dänemark liegt Glücksburg mit seinem gleichnamigen Wasserschloss (oben).

Schleswig

Der Name Schleswig bezeichnet vielerlei: eine Stadt, ein historisches Herzogtum und Bistum, eine Landschaft und den nördlichen Landesteil von Schleswig-Holstein. Auf eine ruhmreiche Vergangenheit blickt die Stadt Schleswig zurück. Als Haithabu war ihre Vorgängerin einst ein wichtiges Handelszentrum der Wikinger. Das dann am Nordufer der Schlei errichtete neue Schleswig wurde im Mittelalter Zentrum des gleichnamigen Herzogtums mit Schloss Gottorf als prächtiger Residenz. Im 19. Jahrhundert nahm hier die Nationalbewegung Schleswig-Holsteins ihren Ausgang. 1868 bis 1945 war Schleswig die Hauptstadt der preußischen Provinz Schleswig-Holstein. Die bedeutendsten steinernen Zeugen dieser Entwicklung sind der Dom sowie Schloss Gottorf, wo heute die Sammlungen der Schleswig-Holsteinischen Landesmuseen zu bewundern sind.

Natur und Mensch haben Sylt einen unverwechselbaren Stempel aufgedrückt: Gewaltige Dünen, reetgedeckte Häuser, steil emporragende Kliffe, die spätromanische Kirche St. Severin in Keitum (linke Bildleiste, von oben), der Leuchtturm am Ostellenbogen (unten und großes Bild), Yachthäfen, Autos und Strandkörbe – all das macht den herb-romantischen Charme der Insel aus.

Sylt

Wie ein gigantischer Wellenbrecher liegt die lang gestreckte Insel vor der schleswig-holsteinischen Küste in der Nordsee. Erstmals erwähnt wurde Sylt im 13. Jahrhundert, doch die zahlreichen Hügelgräber zeugen von bereits vorgeschichtlicher Besiedlung. Jahrhundertelang lebten die Insulaner als Seefahrer, Piraten und Walfänger, dann entdeckten die Sylter den Tourismus als Einnahmequelle. 1857 begann der Badebetrieb im neu eröffneten Seebad Westerland. Zwölf Ortschaften gibt es heute auf der größten deutschen Nordseeinsel, und jede hat ihren eigenen Reiz – sei es nun das exklusive Kampen, Treffpunkt der Reichen und Schönen, oder das idyllische Keitum mit seinen reetgedeckten Backsteinhäusern. Dazu kommt eine einzigartige Natur mit bis zu 1000 Meter langen und 35 Meter hohen Wanderdünen, endlosen Sandstränden und der Brandung der Nordsee.

Das täglich trockenfallende Wattenmeer ist ein einzigartiges Biotop mit unterschiedlichen Tieren wie Strandkrabbe, Seehund oder Scholle (linke Bildleiste, von oben). Es ist aber auch Kulturlandschaft: Auf den Halligen betreibt der Mensch Viehzucht (oben). Großes Bild: Morsumer Kliff.

NATIONALPARK WATTENMEER

Naturschutz begann an der deutschen Nordseeküste schon 1909, als der »Verein Jordsand« sich gründete, die Hallig Norderoog kaufte und sie zum Schutzgebiet für Seevögel erklärte. Seitdem setzte sich die Erkenntnis durch, dass das Wattenmeer ein einzigartiger Lebensraum ist, der auf menschliche Eingriffe sensibel reagiert und leicht aus dem ökologischen Gleichgewicht gerät. 1985, 1986 und 1990 wurde daher der Nationalpark Wattenmeer gegründet, der sich aus drei Teilen in den Bundesländern Schleswig-Holstein, Hamburg und Niedersachsen zusammensetzt. Das periodische Spiel von Ebbe und Flut hat eine sich ständig verändernde Wattlandschaft geschaffen. Im Wattenmeer des Nationalparks halten sich pro Jahr mehr als 10 Millionen Vögel auf, die meisten davon als Zugvögel, viele auch als Brüter. Der Bestand an Seehunden wird mit 16 000 angegeben, daneben existiert eine Kolonie Kegelrobben. In den nordfriesischen Gewässern leben mehrere tausend Schweinswale. Die Natur der Natur zu überlassen ist in einer Kulturlandschaft wie dem Wattenmeer ein hehres Ziel. Störungen gehen von der Fischerei aus, ernsthaftere Probleme bereitet die Schadstoffbelastung durch Flüsse und Düngemittelreste. So bedarf es weiterhin vielfältiger Anstrengungen, um die einzigartige Wattlandschaft zu erhalten.

Wasser ist in Schleswig-Holstein auch landeinwärts ein dominierendes Element: sei es am Plöner See mit dem Plöner Schloss in der Holsteinischen Schweiz (oben), in Eutin, am Ratzeburger See im Lauenburgischen Land oder am Schaalsee. Städtchen wie Ratzeburg locken zudem mit romanischen Backsteindomen und repräsentativen Marktplätzen (untere Bildleiste, von oben). Fernweh kommt im beschaulichen Orther Hafen auf der Insel Fehmarn auf (großes Bild).

Fehmarn, Holsteinische Schweiz, Lauenburger Seen

Die Gletscher und die häufigen Meeresspiegelschwankungen der Eiszeiten haben die Landschaft der schleswig-holsteinischen Ostseeküste und ihres Hinterlandes geformt. Die zwischen Kieler und Lübecker Bucht gelegene Holsteinische Schweiz ist ein buchenbestandenes, sanfthügeliges Seengebiet. Eutin, auch »Weimar des Nordens« genannt, ist Hauptort der Region, die ihren Namen im 19. Jahrhundert von den ersten Urlaubern erhielt. An den tiefen Ostseebuchten, den Förden, liegen Städte wie Kiel, die schon zu Hansezeiten bedeutend waren. Heute sind Seefahrt, Fischerei, Landwirtschaft sowie in den Seebädern der Tourismus die Haupterwerbszweige in Holstein. Fehmarn, der Küste Ostholsteins vorgelagert und Deutschlands zweitgrößte Insel, ist ein wichtiges Bindeglied der »Vogelfluglinie«, der kürzesten Verkehrsverbindung nach Skandinavien.

Von Macht und Reichtum der Vergangenheit künden viele Bauwerke Lübecks. Das berühmteste ist wohl das Holstentor, flankiert von Marienkirche und Petrikirche (großes Bild). Das Heiligen-Geist-Hospital beeindruckt von außen, wie auch das Holstentor und das Rathaus (rechte Bildleiste, von links). Untere Bildleiste: das Heiligen-Geist-Hospital von innen, das historische Restaurant »Fischergesellschaft« und der Holstenhafen.

Hansestadt Lübeck

Deutschlands größter Ostseehafen zeigt in seinem historischen Kern noch das Bild einer reichen mittelalterlichen Hansestadt. Graf Adolf II. von Holstein gründete 1143 nahe einer slawischen Siedlung namens Liubice eine Kaufmannssiedlung, die 1226 zur Freien Reichsstadt erhoben wurde und sich schnell zu einem wichtigen Handelsort entwickelte. 1358 wurde Lübeck Zentrum der Hanse, doch mit der Reformation und der Auflösung des Städtebundes 1630 sank auch der Stern der Stadt. Die Napoleonischen Kriege brachten ebenso wie der Zweite Weltkrieg schwere Zerstörungen. Geldmangel verhinderte eine moderne Umgestaltung von Lübecks historischem Zentrum, vieles wurde in den letzten Jahrzehnten behutsam restauriert. So konnte sich die traditionsreiche Handelsmetropole ihr mittelalterliches Gepräge mit der vom Wasser umschlossenen Altstadt bis heute erhalten.

Hamburgs Erscheinungsbild wird weithin vom Wasser geprägt. Über die Binnenalster bieten sich großartige Ausblicke auf den Jungfernstieg (untere Bildleiste, von oben), das Rathaus (auch großes Bild) und die Außenalster mit ihrem fast schon maritimen Flair. Vergnügen bieten das Volksfest »Dom« auf dem Heiligengeistfeld sowie natürlich St. Pauli mit der Reeperbahn und der berühmten Davidswache (oben).

Hansestadt Hamburg

Hamburg blickt als eine der einst bedeutendsten Hansestädte auf eine große Vergangenheit zurück. Aber auch heute ist die Stadt noch Deutschlands wichtigster und größter Hafen und zugleich eine Weltstadt mit einem vielfältigen Kulturangebot und zahlreichen grünen Oasen. Wasser ist in der Freien und Hansestadt allgegenwärtig. Zunächst sind da natürlich die weitläufigen Hafenanlagen beiderseits der Elbe. Zahlreiche Entwässerungskanäle, die Fleete, durchziehen die Innenstadt. Im Zentrum erstreckt sich die Binnenalster mit ihren repräsentativen Promenaden. Fast das gesamte Stadtgebiet wird von der Elbe, der Außenalster und schiffbaren Kanälen durchzogen. Elegante Villen und Parks säumen die Ufer, wie etwa im vornehmen Stadtteil Blankenese, und legen Zeugnis ab vom einstigen Reichtum der hanseatischen Kaufleute.

Immer wieder ein faszinierender Anblick: die »dicken Pötte« in den Trockendocks des Hamburger Hafens (großes Bild) sowie die vorbeiziehenden Schlepper, Kutter und Frachter. In der Speicherstadt (oben) werden auch heute noch Tee und Kaffee gelagert. Lebhaft geht's auf dem Fischmarkt zu.

HAMBURGER HAFEN

Der größte Hafen Deutschlands ist immer noch das wirtschaftliche Herz der Freien und Hansestadt Hamburg, wie selbst Landratten bei einer Hafenrundfahrt unschwer erkennen werden. Die Geschichte des Hamburger Hafens begann im 12. Jahrhundert, als Graf Adolf III. von Holstein neben der bereits bischöflichen Altstadt seine Neustadt samt dazugehörigem Hafen errichten ließ. Bald wurde Hamburg zu einer der führenden Mächte des Hansebunds und bereits im 14. Jahrhundert der wichtigste Umschlagplatz zwischen Nord- und Ostsee. Mit dem Beginn des Überseehandels wurde Hamburg Deutschlands »Tor zur Welt«. Ein Meilenstein hierzu war um 1880 die Errichtung des Freihafens und des größten Lagerhauskomplexes der Welt, der Speicherstadt, die in gotisierendem Stil aus nordischem Klinker erbaut wurde. Ebenfalls auf diese Zeit geht die Gründung der Werft Blohm + Voss zurück, deren gewaltige Trockendocks von den St.-Pauli-Landungsbrücken aus einen Blickfang bilden. Heute werden in den Hafenbecken jährlich über 10 000 Schiffe aus rund 100 Ländern be- und entladen. Immer größere Bedeutung kommt dabei dem Containerverkehr zu, dem der Hafen mit einem der modernsten Containerterminals der Welt, in dem allein 2003 über 6 Millionen Container umgeschlagen wurden, Rechnung trägt.

Windmühlen sind das Wahrzeichen Ostfrieslands. Viele werden inzwischen als Museum oder Ferienwohnung genutzt, wie etwa dieser Erdholländer von 1802 bei Altfunnixsiel am Flüsschen Harle.

1889 schlug die Geburtsstunde der Künstlervereinigung Worpswede. In dem Dörfchen bei Bremen ließen sich Künstler wie Bernhard Hoetger und Heinrich Vogeler nieder. Im Bild: das Haus im Schluh.

NIEDERSACHSEN, BREMEN

Die Landschaften von Deutschlands zweitgrößtem Bundesland sind vielfältig, das Spektrum reicht vom Nordseewatt bis zum Harz. So facettenreich wie die Natur ist auch die Wirtschaftsstruktur: Neben der Landwirtschaft ist vor allem die Rohstoffindustrie von Bedeutung (Erdöl, Erdgas, Kohle, Salz, Erze), Wolfsburg steht für die Autoindustrie, Hannover für Messen wie die »CEBIT«. Maritim gibt sich der Stadtstaat Bremen: Die gleichnamige Hansestadt ist vom Handel geprägt, sein »Ableger« Bremerhaven ein bedeutender Hafen.

Wie Perlen einer Kette reihen sich entlang der Nordseeküste zwischen Emden und Wilhelmshaven die Ostfriesischen Inseln Borkum, Juist, Norderney, Baltrum, Langeoog, Spiekeroog und Wangerooge. Die kleinen Eilande bestehen meist aus nur einer einzigen Ansiedlung, ansonsten prägen mit Strandhafer bestandene Dünen die Inseln, wie hier auf Juist (großes Bild). Einer der bekanntesten Küstenorte ist Greetsiel mit seinem Hafen voller bunter Fischkutter und den Zwillingsmühlen (oben). Mühlen finden sich auch landeinwärts in der von Kanälen durchzogenen flachen Fehnlandschaft Ostfrieslands. Im Bild die Windmühle von Sande-Neustadtgödens.

Ostfriesland

Das Meer mit seinen Gezeiten hat von jeher das Leben in den weiten Küstenebenen zwischen Weser und Ems bestimmt. Die Region hat viele Seefahrer und Walfänger hervorgebracht, die zur Blüte von Handelsstädten wie Emden beitrugen. Landeinwärts erstrecken sich die weiten Ebenen Ostfrieslands mit ausgedehnten Mooren und Weiden. Ostfriesland ist auch ein Paradies für Liebhaber historischer Mühlen, die sich weithin sichtbar aus dem flachen Land erheben. Schon früh nutzten die Ostfriesen die Kraft des Windes zur Entwässerung des Landes und zur Gewinnung von Mehl und Ölen. Heute wird in Ostfriesland aus Windparks großflächig Energie gewonnen. Reizvoll sind auch die schnurgeraden Fehnkanäle, mit denen Kolonisten einst die Moorgebiete urbar machten. Allein Papenburg, älteste Fehnkolonie, wird von Kanälen mit einer Gesamtlänge von 40 Kilometern durchzogen.

Die gute Stube Bremens ist der Marktplatz mit dem gotischen Dom St. Petri, dem prächtigen Rathaus und dem steinernen Roland. Ein bedeutender Wirtschaftsfaktor ist immer noch der Hafen. Seit 2000 ist das futuristische Museum Universum Science Center ein Publikumsmagnet (oben).

Hansestadt Bremen

Trotz starker Zerstörungen im Zweiten Weltkrieg zeigt sich in Bremen, das zusammen mit Bremerhaven das kleinste deutsche Bundesland bildet, so manches historische Bauwerk in alter oder neuer Pracht. Die aus einer Fischer- und Kaufmannssiedlung entstandene Stadt an der Weser erlebte ihre erste kulturelle und wirtschaftliche Blütezeit im 11. Jahrhundert. 1358 trat sie der Hanse bei und wurde 1646 Freie Reichsstadt. Den schönsten Teil Bremens bildet das historische Zentrum um den Marktplatz, dessen Glanzstück das im 15. Jahrhundert errichtete Rathaus ist. Direkt davor ragt ein weiteres bedeutendes Baudenkmal auf – die mächtige Rolandstatue aus dem Jahr 1404. Die nördlich von Bremen gelegene Exklave Bremerhaven wurde 1827 als dessen Vorhafen angelegt und steht heute ganz im Zeichen von Fischerei, Schifffahrt und Polarforschung.

Auf dem Sandboden der Lüneburger Heide gedeihen vor allem Besenheide, Wacholder und Birke. Beweidet wird diese einmalige Kulturlandschaft mit Heidschnucken, einer besonderen Schafrasse. Eingestreut in die noch stark landwirtschaflich geprägte Region liegen alte Fachwerkstädtchen wie Celle (großes Bild rechts). Im Alten Land mit seinen eindrucksvollen Backstein-Fachwerk-Bauernhäusern lockt im Frühjahr vor allem die Apfelblüte. Von Stades ruhmreicher Vergangenheit zeugt heute noch die Altstadt mit dem historischen Hansehafen (obere Bildleiste, von links). Die Bilder unten zeigen die Gerichtslaube im Lüneburger Rathaus sowie die Uelzener Backsteinkirche St. Marien.

Altes Land, Stader Geest, Lüneburger Heide

Vor den Toren Hamburgs liegt das Alte Land. Im Frühjahr verwandeln bis zu 8 Millionen Obstbäume den Landstrich mit seinen traditionellen Hufendörfern in ein einziges Blütenmeer. Auch die alten Adelshöfe und stattlichen Bauernhäuser sind hier sehenswert. Beschaulich wirken die Orte der angrenzenden Stader Geest: sei es Apensen mit seinen frühgeschichtlichen Steinfeldgräbern, Horneburg mit der Sage vom »Isern Hinnerk« oder Himmelpforten mit seinem hübschen Heimatmuseum. Menschenleere Natur, Sandwege, Birkenhaine, Heidekraut, Heidschnucken, Wassermühlen – so vielfältig präsentiert sich die Lüneburger Heide. Was heute so fasziniert, ist allerdings das Ergebnis jahrhundertelangen Raubbaus. Noch im Mittelalter wuchsen hier dichte Eichen-, Kiefern- und Birkenwälder. Sie wurden in den Salinen verheizt, und zurück blieb eine Steppenlandschaft.

Gesäumt vom Dom St. Blasius und der Burg Dankwarderode, reckt sich stolz am Braunschweiger Burgplatz der Burglöwe, das Wappentier Braunschweigs, empor (großes Bild und ganz unten). Das Prunkstück der romanischen Kirche St. Michael in Hildesheim ist die bemalte Holzdecke, die den Jesseboom, den Stammbaum Christi, darstellt. Das um 1230 entstandene Werk besteht aus 1300 Einzelstücken und ist ein einzigartiges Beispiel romanischer Monumentalmalerei. Barocke Formen hingegen bietet die Trinitatiskirche am Holzmarkt von Wolfenbüttel (oben).

Braunschweig, Hildesheim, Wolfenbüttel

Das Braunschweiger Land birgt bedeutende kunsthistorische Schätze. Heinrich der Löwe erbaute an einem Platz namens »Bruneswiek« die Burg Dankwarderode und erhob den Ort zur Stadt. 1753 machten die Herzöge von Braunschweig, die zuvor in Wolfenbüttel residierten, die Stadt zur Residenz des gleichnamigen Herzogtums. Wolfenbüttel, von reichem Fachwerkbestand geprägt, war unter den Braunschweiger Herzögen eine Stätte der Künste und Wissenschaften. Berühmt wurde es durch die 1572 gegründete Herzog-August-Bibliothek, einst die größte Bibliothek Europas. Unter den 12 000 alten Handschriften befindet sich auch das Evangeliar Heinrichs des Löwen. Hildesheim wurde 1945 weitgehend zerstört, viele historische Bauten wurden jedoch seitdem rekonstruiert, so der Marktplatz mit dem Knochenhaueramtshaus, der romanische Dom und die Kirche St. Michael.

Das Welfenschloss in Herzberg wurde ganz in Fachwerkbauweise errichtet (großes Bild). In Goslar erinnern die Wandmalereien (Barbarossa und Heinrich der Löwe), das Kaiserhaus und das Grab Heinrichs III. (obere Bildleiste, von links) an die einstige Kaiserpfalz. Bizarre Felsformationen, wie die Raben- oder die Kästeklippen, findet man im Hochharz (rechts).

Harzvorland, Oberharz, Hochharz

Der sagenumwobene Harz ist das nördlichste deutsche Mittelgebirge. Sein niedersächsischer Anteil, der Oberharz, war schon im Mittelalter ein bedeutender Wirtschaftsraum. Bewaldete Höhen und schroffe Täler machen den Oberharz bei Wanderern und Wintersportlern gleichermaßen beliebt. Seine höchste Erhebung ist der Wurmberg mit 971 Meter. Schon vor 1000 Jahren wurde im Oberharz eine intensive Wald- und Wasserwirtschaft betrieben und Erz gefördert. Die alte Silberstadt Goslar, viele Bergbaumuseen und die Bergbaufakultät in Clausthal-Zellerfeld künden von dieser alten Tradition. Fast unbekannt ist hingegen das von der Landwirtschaft geprägte Harzvorland. Salzgitter und Wolfsburg dominieren wirtschaftlich; liebliche Mittelgebirge wie der Elm, der Ith und der Hils bestimmen die Landschaft zwischen Göttingen und Hannover.

Die stilistische Bandbreite der Weserrenaissance illustrieren Schloss Hämelschenburg, Schloss Bückeburg und das Wasserschloss Hülsede (obere Bildleiste, von links). Die üppig dekorierte Schlosskapelle (großes Bild) und der Goldene Saal (unten links) finden sich im Schloss Bückeburg.

WESERRENAISSANCE

Im Einzugsgebiet der Weser, im heutigen Grenzgebiet von Niedersachsen und Nordrhein-Westfalen, bildete sich ab 1520 für rund 100 Jahre ein eigenständiger Baustil heraus, die so genannte »Weserrenaissance«. Baumeister wie Jörg Unkair hatten Anregungen aus den Niederlanden, Frankreich, Italien und Böhmen aufgenommen und eine eigene und vielfältige Formensprache entwickelt. Voraussetzung für die rege Bautätigkeit war eine wirtschaftliche Blütezeit im Weserbergland, das damals als »Kornkammer« Norddeutschlands prosperierte. Adel und Landesherren ließen zwischen Hannoversch-Münden und Bremen, Bielefeld und Paderborn sowie in Alfeld, Wolfsburg und Celle zahlreiche Schlösser neu erbauen oder in diesem Stil umgestalten, wie etwa Schloss Bevern, Schloss Hämelschenburg, Schloss Bückeburg, das Welfenschloss in Gifhorn oder Schloss Brake bei Lemgo, heute Sitz des Weserrenaissance-Museums. Aber auch in den Städten wurden Rathäuser und Fachwerkbauten im Stil der Weserrenaissance errichtet. Typische Kennzeichen sind reich geschmückte Fassaden und Erkervorbauten, wie sie sich an prächtigen Beispielen in Höxter, Hameln, Minden, Lemgo oder Rinteln bewundern lassen.

Geschichtsträchtiges Ambiente verströmt die an der Warnow gelegene Hansestadt Rostock, wo sich eine Rundfahrt durch den Hafen mit den alten Speichern und der St.-Petri-Kirche empfiehlt (unten).

Einer der idyllischsten Küstenabschnitte der Ostsee in Mecklenburg-Vorpommern befindet sich bei Ahrenshoop auf Fischland, wo sich zwischen Steilküste und Strand reetgedeckte Häuser ducken.

MECKLENBURG-VORPOMMERN

Endlose Sandstrände, Steilküsten, Nehrungen, Buchten, Bodden, im Hinterland ausgedehnte Laubwälder, tausende Moore und Seen – in Mecklenburg-Vorpommern ist die Natur trotz der auch hier zunehmenden Intensivierung der Landwirtschaft über weite Strecken noch wohltuend unversehrt. Hier sind beispielsweise weit über die Hälfte aller Kraniche und Adler, Fischotter und Biber Deutschlands heimisch. Und zwischen Seen und Hügeln trifft man auf Schlösser und Dörfer, in denen die Zeit stehen geblieben zu sein scheint.

Das Schweriner Schloss erhielt seine heutige Gestalt im 19. Jahrhundert unter Einbeziehung von vier Bauwerken aus dem 15. bis 17. Jahrhundert. Obere Bildleiste, von links: Einen Blickfang auf dem Alten Markt Wismars bildet die »Wasserkunst«, ein um 1600 errichteter Pavillon. Nur wenige Schritte entfernt ragt der übrig gebliebene Turm der 1945 zerstörten Marienkirche in den Himmel.

Schwerin, Wismar

Schwerin, die alte Residenz der mecklenburgischen Herzöge, seit 1990 Hauptstadt Mecklenburg-Vorpommerns, liegt 100 Kilometer östlich von Hamburg inmitten einer idyllischen Seenlandschaft. Hauptsehenswürdigkeit ist das auf einer Insel thronende, mit seinen zahlreichen Türmchen und Erkern märchenhaft anmutende Schloss. Weitere bedeutende Gebäude sind das Staatstheater, das Staatliche Museum und der klassizistische Marstall.

Auch die alte Hansestadt Wismar, auf halbem Weg zwischen Lübeck und Rostock am Eingang der gleichnamigen Bucht gelegen, verfügt über einen sehenswerten historischen Kern. Er besteht aus einer stattlichen Anzahl von Giebelhäusern im Stil der Renaissance, des Barock und der Backsteingotik – darunter der »Alte Schwede«, das älteste Bürgerhaus der Stadt – sowie einem Fürstenhof nach italienischem Vorbild.

Vom Hafen aus gesehen wird die Skyline Rostocks von der Marienkirche und dem Wohnhochhaus in der Langen Straße, einer seltenen Kombination aus norddeutscher Backsteingotik und stalinistisch geprägter Architektur, dominiert. Blickfang des Alten Marktes in Stralsund sind die Nikolaikirche sowie die Schauwand des Rathauses, eines der schönsten Profanbauten norddeutscher Backsteingotik.

Rostock, Stralsund

Die traditionsreiche Hansestadt Rostock war zwar nie die Hauptstadt Mecklenburgs, aber stets dessen wichtigstes urbanes Zentrum. Ihre Universität ist die älteste Nordeuropas, ihr Überseehafen das Tor der Region zur Welt und mit den zugehörigen Werften und Industrieanlagen zudem Motor ihrer Wirtschaft. Das Zentrum der schönen Altstadt bildet der weitläufige Neue Markt, an dem auch die mächtige Marienkirche steht.

Stralsund, ebenfalls Hansestadt, hat eine kostbare historische Bausubstanz mit Straßenzügen im Stil der Backsteingotik und Bürgerhäusern aus dem 15. bis 19. Jahrhundert. Das Herz der von malerischen Teichen und Parks eingefassten Altstadt schlägt auf dem Alten Markt, dessen Schmuckstücke das mit prächtigen Giebeln verzierte Rathaus und die Nikolaikirche bilden. Ebenfalls sehenswert sind die Marien- und die Jakobuskirche.

Charakteristisch für diesen Abschnitt der Ostseeküste ist die landschaftliche Vielfalt. Im Norden der Insel Hiddensee erheben sich die von einem Leuchtturm gekrönten Hügel des Dornbusch (großes Bild). Obere Bildleiste, von links: Entlang der Küste von Zingst wechseln steile Kalkklippen und lange flache Strände. Weite zeigt die Landschaft an der Schmalen Heide zwischen Prorer Wiek und Jasmunder Bodden auf Rügen. Im beschaulichen Hafen von Ahrenshoop liegen alte Segelboote (unten).

Vorpommersche Boddenlandschaft, Hiddensee

Deutschlands nordöstliches Bundesland weist wie kein zweites noch weitläufige Urlandschaften auf. Fast ein Drittel seiner Fläche wird von Natur- und Nationalparks bedeckt. Deren größter ist die Vorpommersche Boddenlandschaft, ein Salz- und Brackwasserparadies, in dem zahlreiche seltene Vogel-, Lurch- und Fischarten heimisch sind. Eine ökologische Kostbarkeit ist der 6000 Hektar große Urwald auf der Halbinsel Darß. Darß bildet gemeinsam mit den beiden anderen Halbinseln Fischland und Zingst ein viel frequentiertes Erholungsgebiet. Bestens markierte Wege entlang malerischer Steilküsten laden hier zu ausgedehnten Wanderungen ein. Auch die weiter östlich gelegene Insel Hiddensee, erst 1308 durch eine Sturmflut von Rügen abgetrennt, bietet unberührte und abwechslungsreiche Natur. Das autofreie Eiland steht fast komplett unter Naturschutz.

Die Steilküste des Nationalparks Jasmund (großes Bild und ganz unten-rechts) ist der spektakulärste Ort Rügens. Obere Bildleiste, im Uhrzeigersinn: Sandstrand von Baabe, Bootshafen von Gager, Kreidefelsen der Stubbenkammer und Wissower Klinken (auch kleines Bild unten rechts).

Rügen

Wo die Ostsee unermüdlich Kreide frisst: Deutschlands größte Insel misst nur 50 Kilometer im Durchmesser, weist jedoch mehrere hundert Kilometer Küstenlinie auf und ist von bemerkenswerter landschaftlicher Vielfalt. Wellige Wiesen und sumpfige Moore existieren neben Buchenwäldern und zwei Binnenseen, dem Kleinen und dem Großen Jasmunder Bodden. Während das Gelände im Südwesten weitgehend flach und agrarisch geprägt ist, fällt es an anderen Stellen steil zum Meer hinab. Das Gemälde von Caspar David Friedrich, dem 1774 im nahen Greifswald geborenen Hauptvertreter der deutschen Romantik, hat die »Kreidefelsen auf Rügen« weltberühmt gemacht. Motiv hierfür war die »Victoria-Sicht« unweit der Wissower Klinken, von denen nach ihrem spektakulären Abbruch im Jahr 2005 allerdings nur noch zwei Stümpfe übrig sind.

Die Kurorte entlang der Küste zwischen Wismar und Swinemünde (Swinoujście) weisen jeder für sich das komplette Inventar eines exklusiven Seebades auf: Strandpromenaden, Seebrücken und luxuriöse Hotels. Die mondänsten Anlagen befinden sich in Heiligendamm (großes Bild und kleines Bild unten), aber auch Binz zeigt historisches Ambiente (obere Bildleiste und zwei untere Bilder).

Nicht nur die Natur entlang der Ostseeküste hinterlässt bleibende Eindrücke. Auch was der Mensch dort schuf, vermag zu begeistern. Insbesondere, wenn es sein leibliches und seelisches Wohlbefinden steigert. Sage und schreibe 53 Kurorte sind in Mecklenburg-Vorpommern behördlicherseits dafür ausgewiesen, durch ihr besonderes Klima, ihre Gewässer und entsprechende therapeutische Einrichtungen die Gesundheit zu fördern. Weithin bekannt sind die so genannten »kaiserlichen Drei«, die Seeheilbäder Bansin, Heringsdorf und Ahlbeck. Am Ostende der Insel Usedom, in der Nähe der Grenze zu Polen gelegen, verströmen sie mit ihren breiten, weißen Sandstränden und den luxuriösen Hotels allesamt Weltläufigkeit. Kaum minder schick präsentiert sich Binz, das größte und renommierteste Seebad auf Rügen. Seine weißgestrichenen Villen mit ihren gedrechselten Erkern, Veranden und Balkonen verleihen dem Ort eine duftige Eleganz. Den Titel des ältesten deutschen Seebades darf freilich Heiligendamm für sich in Anspruch nehmen. Der wegen seiner strahlend hellen klassizistischen Häuser als »weiße Stadt am Meer« apostrophierte Ort gehört zum Gemeindegebiet von Bad Doberan, wo der Mecklenburger Hof einst die Sommer über zu residieren pflegte. Heute ist Heiligendamm eines der luxuriösesten Seebäder Deutschlands.

Wahrzeichen der »drei Kaiserbäder« auf Usedom sind die eindrucksvollen Seebrücken. Jene von Heringsdorf (großes Bild) ist mit 508 Metern das längste Bauwerk dieser Art in Kontinentaleuropa, jene von Ahlbeck (oben) feierte 1998 ihr 100-jähriges Bestehen. Im Hinterland und am Achterwasser bieten sich auf der Halbinsel Gnitz, bei Karnin, Zempin oder im Usedomer Winkel unvergessliche Eindrücke (rechte Bildleiste, von oben).

Usedom

Die fast 450 Quadratkilometer große Insel Usedom, die sich von der Peene bis zur Swina, den beiden Mündungsarmen der Oder, erstreckt, ist ein Feriengebiet par excellence. Hauptgründe für ihre Beliebtheit sind die heilsame Seeluft und die kilometerlangen familienfreundlichen Strände, die ihr schon vor Generationen den Kosenamen »Badewanne Berlins« bescherten. Während die alten Siedlungen der Fischer mit ihren reetgedeckten Häusern mehrheitlich am Achterwasser liegen, entstand gegen Ende des 19. Jahrhunderts zum offenen Meer hin eine Reihe eleganter Seebäder. Zu den Namhaftesten ihrer Art zählen Bansin, Ahlbeck und Heringsdorf, aber auch Koserow und Zinnowitz. Das einstige Raketenversuchsgelände Peenemünde, das an der Westspitze der Insel liegt, wurde bald nach der Wende in ein historisch-technisches Freilichtmuseum umgewandelt.

Wasser so weit das Auge reicht bietet die Müritz bei Röbel (großes Bild) und Waren (oben rechts). Im Gebiet der Mecklenburgischen Seenplatte nisten nicht nur Störche, hier gibt es auch Kunstschätze wie die Klosterkirche von Malchow, die Schlösser von Basedow und Güstrow, oder den Neustrelitzer Schlosspark mit dem Luisentempel und der Orangerie (untere Bildleiste, von links).

Mecklenburgische Seenplatte

Das Binnenland zwischen Schwerin und der Uckermark, die Mecklenburgische Seenplatte, ist übersät von rund tausend Seen, die durch Flussläufe und Kanäle miteinander vernetzt sind. Schon zu DDR-Zeiten wurde diese Region als ideales Sport- und Erholungsgebiet geschätzt, in dem sich, vorbei an beschaulichen Dörfern, auch mehrtägige Kanutouren unternehmen lassen. Das größte Gewässer bildet die Müritz, deren Einzugsgebiet 1990 zu einem über 300 Quadratkilometer großen Nationalpark erklärt wurde. Dessen Landschaftsbild wird geprägt von Urwäldern, Sümpfen, Wiesen und schilfumwachsenen Seen. Störche, Kormorane, Eisvögel, Graureiher und Seeadler finden hier ein geschütztes Refugium. Der anmutige Landstrich zwischen Malchin und Teterow, Malchiner und Kummerower See wird ob seiner bis zu fast 200 Meter hohen Hügel »Mecklenburgische Schweiz« genannt.

Schloss Charlottenburg, Berlins größtes und schönstes Schloss, wurde gegen Ende des 17. Jahrhunderts für die Kurfürstin und spätere Königin Sophie Charlotte im Stil des italienischen Barock errichtet.

Zu den grandiosen Parkanlagen in Potsdam gehört der Neue Garten, in dem Friedrich Wilhelm II. das frühklassizistische Marmorpalais am Heiligen See anlegen ließ, links die Küche in Form eines Tempels.

BRANDENBURG, BERLIN

Berlin bleibt Berlin: Seit dem Fall der Mauer hat sich die alte neue Hauptstadt rasant entwickelt. Sie ist mit dem Sitz von Bundestag und Bundesregierung politisches Entscheidungszentrum Deutschlands und mit ihren Museen, Theatern und architektonischen Highlights auch wieder die Kulturmetropole der Republik. Die Region um Berlin ist gespickt mit idyllischen Seen, prachtvollen Gärten und Adelssitzen. Brandenburg bietet zudem noch vielfach unberührte Natur, verträumte Fischerdörfer und traditionsreiche Hansestädte.

Das Barockschloss Rheinsberg wurde 1736–1740 errichtet (großes Bild). Zisterzienserklöster wie Zinna (unten links) oder Chorin (rechts) zählen zu den imposantesten Zeugnissen der Backsteingotik. In derselben Stilepoche wurde das Kloster St. Pauli (Mitte) in Brandenburg erbaut. In Neuruppin erblickte 1819, das Denkmal erinnert daran, Theodor Fontane das Licht der Welt. Aus dessen Zeit stammt diese Birkenallee bei Wustrau.

Schorfheide, Havelland, Fläming

Die märkische Kleinstadt Rheinsberg liegt knapp 100 Kilometer nördlich von Berlin im Kreis Neuruppin. Wie so viele Orte dieses geschichtsträchtigen Landstriches hat sie mittelalterliche Wurzeln. Doch ihr heutiges, klassizistisches Antlitz erhielt sie nach einem Stadtbrand gegen Mitte des 18. Jahrhunderts. Berühmt und viel besucht ist Rheinsberg vor allem dank des gleichnamigen Schlosses, in dem sich der spätere Friedrich II. als Kronprinz mit Vorliebe aufhielt und danach dessen Bruder Heinrich wohnte. 1912 setzte Kurt Tucholsky dem von Georg Wenzeslaus von Knobelsdorff im feingliedrigen Klassizimus gestalteten, das Ufer des Grienericksees schmückenden Bau mit seinem Roman »Rheinsberg – ein Bilderbuch für Verliebte« ein literarisches Denkmal. Zu Ehren des Schriftstellers mit der spitzen Feder findet sich heute im Schloss eine Gedenkstätte eingerichtet.

Das westliche Ende der Prunkmeile Unter den Linden markiert das Brandenburger Tor – seit über 200 Jahren ein Brennpunkt in Deutschlands so stürmischer Geschichte schlechthin und allzu lange ein Symbolbau für die Teilung seiner Hauptstadt. Weiter östlich wacht seit 1980 erneut der »Alte Fritz« hoch zu Ross über das historische Herz der Millionenmetropole (kleines Bild unten). Der Französische Dom und das Schauspielhaus bilden den Mittelpunkt des Gendarmenmarkts (großes Bild).

Das »alte« Berlin

Die alte neue Hauptstadt an der Spree war schon vor 200 Jahren eine Spielwiese der besten Architekten. Deren Sinn für klassische Proportionen verdankt Berlin seinen wohl schönsten Platz – den Gendarmenmarkt. Benannt nach den »Gens d'Armes«, dem Regiment des Soldatenkönigs Friedrich Wilhelm I., wurde dieses weite Geviert vor rund 300 Jahren als Marktplatz des soeben entstandenen Wohnviertels Friedrichstadt angelegt. Hugenotten, den Verfolgungen in ihrer rabiat katholischen Heimat entflohen und von den Hohenzollern mit offenen Armen empfangen, siedelten hier. Und bauten sich ein eigenes, äußerlich prunkvolles, im Inneren jedoch protestantisch schlichtes Gotteshaus – den Französischen Dom. Das Schauspielhaus ist eine typisch »antikische« Schöpfung Karl Friedrich Schinkels. Seit seiner Wiedereröffnung 1984 heißt es offiziell Konzerthaus.

Als Symbol für eine transparente Politik lockt die gläserne Kuppel auf dem Reichstag täglich Scharen schaulustiger Bürger an. Wo man 1933 die Verfassung außer Kraft setzte und sich 1990 das erste gesamtdeutsche Nachkriegsparlament konstituierte, beobachten sie die Volksvertreter bei ihrer Arbeit. An das Versagen der Demokratie erinnert die Ruine der Kaiser-Wilhelm-Gedächtniskirche am Ku'damm mit dem Neubau von Egon Eiermann (kleines Bild unten). Oben: Moderne Bauten am Potsdamer Platz mit der Philharmonie im Vordergrund.

Das »neue« Berlin

Zum neuen Wahrzeichen Berlins wurde die gläserne Kuppel von Sir Norman Foster, die seit 1999 den alten Reichstag schmückt. Ein Stück weit entfernt, entstand am Potsdamer Platz nach der Wende ein gänzlich neuer Stadtteil. Wo einst Brachland gähnte, schwingt sich heute eine Symphonie aus Stein, Stahl und Glas himmelwärts. Die imposanteste Architektur dieser Metropolis vom Reißbrett hinterließen zwei finanzstarke Bauherren: Das gläserne, von Helmut Jahn kreierte Sony-Center, das eine Plaza unter schwebendem Zeltdach umfasst, beherbergt unter anderem ein Filmmuseum. Prosaischeres, nämlich einen ausgedehnten Shoppingkomplex, bietet das Daimler-Chrysler-Areal von Renzo Piano. Neben dem Spielkasino steht, gegenüber der 1960–1963 von Hans Scharoun erbauten Philharmonie, das Musicaltheater, vor dem es alljährlich bei den Filmfestspielen glamourös zugeht.

Die Bandbreite der Berliner Museen spannt sich (untere Bildleiste) von der East Side Gallery an der Ostseite der Mauer bis zu Daniel Libeskinds Jüdischem Museum, von der berühmten Büste der Nofretete im Ägyptischen Museum über die Gedächtniskirche, Mies van der Rohes Neue Nationalgalerie und die »Molecule Men« bis zu dem in ein Museum für Gegenwartskunst umfunktionierten Hamburger Bahnhof und der Skulpturenschau in der Friedrichwerderschen Kirche. Großes Bild: das imposante Alte Museum; oben die Bronzeskulptur »Löwenkämpfer« davor.

KUNSTMETROPOLE BERLIN

Rund 170 Museen und Gedenkstätten besitzt Berlin. Die Brennpunkte bilden vier Museumszentren, die allesamt einzigartige Sammlungen ihr Eigen nennen: Der Dahlemer Museumskomplex mit dem Schwerpunkt außereuropäische Kunst und Kultur; die Museen in und um Schloss Charlottenburg, darunter die Sammlung Berggruen und das Bröhan-Museum; weiterhin das westlich des Potsdamer Platzes gelegene Kulturforum mit der Gemälde- und der Neuen Nationalgalerie, dem Musikinstrumenten- und dem Kunstgewerbemuseum; und schließlich als historisches Kernstück aller Bestände die Museumsinsel, die zum Weltkulturerbe der UNESCO gehört. Sie umfasst das Pergamon-Museum mit seiner Antikensammlung und dem Vorderasiatischen Museum mit so grandiosen Schätzen wie dem Pergamon-Altar, dem Markttor von Milet und dem Ischtar-Tor, das Bode-Museum, das Malerei und Plastik aus Mittelalter und Renaissance gewidmet ist, die Alte Nationalgalerie sowie das Neue und das Alte Museum. Letzteres ist ein Werk Schinkels und zählt dank seiner eleganten Säulenfassade zu den schönsten klassizistischen Bauwerken der Welt. Es birgt einen Teil der Antikensammlung. Die bedeutendsten Gedenkstätten Berlins sind das Holocaust-Mahnmal und die Mahnstätte im ehemaligen Hauptquartier der Gestapo und SS.

Zu den ältesten Teilen Potsdams gehört der Alte Markt, auf dem heute die Nikolaikirche und das Alte Rathaus stehen (oben). Kaiser Wilhelm I. ließ sich Schloss Babelsberg (unten links) als neugotische Residenz erbauen. Die verzierte Blockhütte ist Teil der Alexandrowka, einer Siedlungskolonie für russische Verbündete der Preußenarmee aus den Befreiungskriegen. Das große Bild zeigt die 1845 eingeweihte Sacrower Heilandskirche.

Potsdam

Die ehemalige Residenzstadt der Hohenzollern am westlichen Rande Berlins verkörpert, zumindest was die bildende Kunst betrifft, die heitere Seite der preußischen Herrscher. Allein die Altstadt besitzt etliche Zeugnisse einstigen Glanzes. Hauptattraktionen sind freilich die Potsdamer Schlösser, die beiderseits der Havel in den ausgedehnten Grünanlagen stehen. Als große Sehenswürdigkeit gilt auch die Sacrower Heilandskirche. Sie spiegelt sich nach dem Wunsch Peter Josef Lennés, des seinerzeit obersten Gartenarchitekten, malerisch im Flusswasser. Weltberühmt wurde der Bau zur Zeit der deutschen Teilung, denn direkt zu seinen Füßen verlief die Mauer. Zu Weihnachten 1961 feierte man hier den letzten Gottesdienst. Und erst 28 Jahre später, nach Beseitigung des Todesstreifens, erhielt die Kirche wieder ihre ursprüngliche Funktion.

Nach dem Siebenjährigen Krieg ließ König Friedrich II. ab 1763 die Dreiflügelanlage des Neuen Palais ausführen; hier mit Darstellern und Feuerwerk bei der »Schlössernacht«. Oben: Die von Schinkel entworfenen Römischen Bäder, das über Weinbergterrassen thronende Schloss Sanssouci und die im Renaissancestil nachempfundene Orangerie.

Sanssouci

»Sanssouci«, ohne Sorge, wollte Friedrich der Große in seiner Sommerresidenz in Potsdam leben und ließ das zierliche Sommerrefugium 1745–1747 teils nach eigenen Entwürfen durch Georg Wenzeslaus von Knobelsdorff auf den Weinbergterrassen als eingeschossigen Bau anlegen. Mit seinem plastischen Schmuck und der reichen Ausstattung gilt es als ein Hauptwerk des deutschen Rokoko und als touristischer Hauptmagnet Potsdams. Zudem zeugt es von den ausgeprägten musischen Interessen seines Bewohners: Im Musikzimmer pflegte der König Flöte zu spielen. Und in der Prachtbibliothek führte er mit dem großen Aufklärer Voltaire Streitgespräche. Weitere Bauwerke kamen hinzu, wie die Neuen Kammern, das Neue Palais und unter Friedrichs Nachfolgern unter anderem die Orangerie und Schloss Charlottenhof. Die Parkanlage gestaltete Peter Joseph Lenné.

Am Südrand des Oberspreewaldes liegt das Freilandmuseum Lehde. Anhand von altwendischen Hofanlagen, mehreren Kräutergärten, einer Kahnbauerei, einer Blaudruck- und einer Töpferwerkstatt dokumentiert es die traditionelle Lebensweise der sorbischen Bauern.

Spreewald

Das beliebteste Ausflugsziel der Berliner liegt keine Autostunde südöstlich der Stadt auf dem Weg Richtung Cottbus und ist nicht nur für seine sauren Gurken bekannt: Der Spreewald wird von einem 1000 Kilometer langen Netz aus rund 300 Wasserläufen, so genannten Fließen, durchzogen. 1991 wurde das Gebiet von der UNESCO zum Biosphärenreservat erklärt, um den Lebensraum für rund 18 000 Pflanzen- und Tierarten zu schützen. 600 professionelle Fährleute warten in diesem größten Erlen-Auwald Europas darauf, erholungssuchenden Städtern in ihren Holzkähnen stakend ein Stück unversehrter Natur näher zu bringen. Nur etwa die Hälfte des insgesamt 75 Kilometer langen und bis zu 16 Kilometer breiten Niederungsgebiets wird von den ansässigen Sorben – selbstredend mit der von Ökologen geforderten Nachhaltigkeit – landwirtschaftlich genutzt.

Einen außergewöhnlichen postmodernen Entwurf verkörpern die drei skulpturartigen Gebäudekomplexe des Neuen Zollhofs in Düsseldorf, die 1998/99 von Frank O. Gehry geschaffen wurden.

Haus Bodelschwingh in Dortmund, eine auf das Jahr 1302 zurückgehende Wasserburg, wurde von mehreren Stilepochen geprägt: Gotik, Renaissance und Barock haben hier ihre Spuren hinterlassen.

NORDRHEIN-WESTFALEN

Das einwohnerstärkste Bundesland beeindruckt durch ganz unterschiedliche Landschaften. Die Wege durchs Münsterland und den Teutoburger Wald führen an satten Weiden, romantischen Windmühlen und trutzigen Wasserschlössern vorbei. Völlig anders als Westfalen dagegen ist das nördliche Rheinland, wo in Köln oder Düsseldorf das urbane Leben tobt. Das Ruhrgebiet, einst Synonym für Kohle- und Stahlindustrie, hat heute längst einen Strukturwandel durchlaufen und birgt manch ungeahnte landschaftliche Schönheit.

In Warendorf treten bei der Hengstparade Reiter und Gespanne auf (rechts). Historisches Flair verströmen in Münster der durch Arkadengänge und Giebelhäuser geprägte Prinzipalmarkt mit der Lambertikirche (großes Bild) sowie der barocke Festsaal des Erbdrostenhofs (unten).

Münsterland

Wehrburgen und Wasserschlösser, malerische Fachwerkstädtchen und stolze Kirchen setzen im Münsterland die Akzente. Die ebene bis sanft wellige Region zwischen Teutoburger Wald und der deutsch-niederländischen Grenze wird nur vereinzelt von Bergzügen unterbrochen, kleine Wäldchen und Wallhecken prägen die Landschaft und verleihen ihr im Zusammenspiel mit den vielen Schlössern einen parkähnlichen Charakter. Die Region ist landwirtschaftlich sowie durch die Pferdezucht geprägt. Zentrum und Namensgeber des Münsterlandes ist die altehrwürdige Universitätsstadt Münster. Sie wartet mit einem geschlossenen historischen Altstadtensemble auf, dessen Höhepunkte der romanisch-gotische St.-Paulus-Dom, die prächtige Lambertikirche aus dem 14.–15. Jahrhundert, das barocke Stadtschloss und die schönen Laubengänge sowie Dreistaffelgiebelhäuser sind.

Neben Schloss Nordkirchen (großes Bild) sind die Wasserschlösser (rechts unten, im Uhrzeigersinn) von Raesfeld, Westerwinkel, Lembeck, Vischering, Anholt und Gemen (großes Bild rechts) sehenswert. Obere Bildleiste, von links: Garten am Schloss Nordkirchen und Schloss Anholt mit Barockensemble.

WASSERSCHLÖSSER

Wohl nirgendwo in Deutschland konzentrieren sich so viele Herren- und Adelssitze auf so kleinem Raum wie im Münsterland. Mehr als 3000 davon soll es hier einmal gegeben haben, die ältesten stammen aus dem 13. Jahrhundert. Die dominierende Form der Anlage war die Wasserburg: Für Höhenburgen ist das Land zu flach, also wurden die Burgen und Höfe in der Mitte eines Gewässers errichtet oder mit Gräften, künstlich angelegten Gräben, gesichert. Oft liegen die Anlagen auch ein wenig versteckt. Viele Burgen wurden im Laufe der Jahrhunderte mehrmals umgestaltet und weisen deshalb heute die Merkmale unterschiedlicher Stilepochen auf. Vorherrschend sind jedoch barockisierte Anlagen, oft im Stil des niederländischen Barock. Auch heute lassen sich noch über 100 Wasserburgen bewundern. Die größte und bedeutendste Anlage ist Schloss Nordkirchen, das »Versailles von Westfalen«. Das Schloss erhebt sich auf einer Insel, die von Prachtgärten nach französischem Vorbild gerahmt wird. Ebenfalls ein prächtiges Ensemble stellt das barocke Schloss Anholt samt Park dar. Auf Burg Hülshoff in Havixbeck bei Münster wurde Deutschlands berühmteste Dichterin, Annette von Droste-Hülshoff, geboren, die die Landschaft der münsterländischen Wasserschlösser und -burgen literarisch verewigte.

Eines der spektakulärsten Bauwerke Düsseldorfs ist der von Frank O. Gehry erbaute Zollhof mit den heraustretenden Zargenfenstern. Weitere Höhepunkte sind (rechte Bildleiste, von oben) Schloss Benrath, Staatskanzlei und Funkturm, Rosenmontagsumzug und die Luxusboutiquen der Königsallee. Obere Bildleiste, von links: Der Fluss und schmucke Städtchen prägen die Niederrheinregion: Blick von der Rheinbrücke von Wesel, Stadtbefestigung von Zons.

Düsseldorf und der Niederrhein

Die Hauptstadt Nordrhein-Westfalens ist eine Stadt der Mode und Kultur, ein bedeutendes Finanzzentrum und ein internationaler Messestandort. Richtig mondän geht es auf der Königsallee, der »Kö«, mit ihren exklusiven Modeboutiquen zu. Rheinische Ausgelassenheit lässt sich in den Kneipen und Brauhäusern der Altstadt bei einem Glas Altbier erleben. Daneben hat Düsseldorf auch einen Ruf als bedeutende Kunst- und Kulturstadt. Viele Kunstgalerien und Museen zeugen davon, Heinrich Heine und Joseph Beuys begannen hier ihre Karriere.

Und dann ist da natürlich der Rhein, der Düsseldorf das Flair einer Flussstadt verleiht. Ab Bonn wird er stromabwärts als Niederrhein bezeichnet. Breit und mächtig fließt er, gesäumt von flachen Ufern, über Köln, Düsseldorf, Wesel und Xanten Richtung Nordwesten und passiert bei Emmerich die deutsch-niederländische Grenze.

Impressionen der Industriekultur: Zeche Zollern (großes und kleines Bild links), Bergbaumuseum Bochum, Fördertürme der Zechen Zollverein und Nordstern (obere Bildleiste), Gasometer in Oberhausen, Meidericher Eisenhütte, Waschkammer im Bergbaumuseum und Kokerei Zollverein (rechte Bildleiste).

MONUMENTE DER INDUSTRIEKULTUR

Auf 150 Jahre Bergbau und Industrie kann das zwischen den Flüssen Lippe und Ruhr gelegene Revier zurückblicken. Wo sich die Kohle über Tage zeigte, wurde sie bereits im Mittelalter abgebaut. Erst die Erfindung der Dampfmaschine ermöglichte die Kohleförderung aus tieferen Erdschichten. Damit war die Voraussetzung für den Einzug der Schwerindustrie geschaffen, die das Ruhrgebiet in kürzester Zeit radikal veränderte. Fördertürme, Hochöfen und rauchende Schlote waren für viele Generationen die Symbole wirtschaftlicher Stärke. Um 1970 setzte ein radikaler Strukturwandel ein, weg von der Schwerindustrie hin zum Dienstleistungssektor. Heute sind die Industriebauten, soweit noch erhalten, museale Erinnerungsstücke in einer weitläufigen Erlebnis- und Erholungslandschaft. Die eisernen »Industriekathedralen« bilden eine einmalige Kulturlandschaft, die die alte Zeit wieder spürbar werden lässt. Da sind stillgelegte Zechen mit Fördertürmen, etwa die berühmte »Zeche Zollverein« bei Essen. Diese Meisterleistung moderner Industriearchitektur galt seinerzeit als die »schönste Zeche des Ruhrgebiets«. Oder ehemalige Stahlwerke mit Hochöfen, wie der »Landschaftspark Duisburg-Nord«. Oder der Gasometer bei Oberhausen, der mit seinen 116 Metern Höhe heute ein Aussichtsturm mit großartigem Panoramablick ist.

Ein Beispiel der Weserrenaissance ist das Rathaus von Lemgo. Schloss Corvey und die Klosterkirche mit ihrem romanischen Westwerk (oben, von links). Rechts unten sieht man Schwalenberg im reizvollen Weserbergland und Minden. Im großen Bild: die Externsteine im Teutoburger Wald.

Ostwestfalen

Als Ostwestfalen wird der nordöstliche Zipfel Nordrhein-Westfalens bezeichnet. Die wichtigsten Städte sind Detmold, Paderborn, Gütersloh, Bielefeld und Herford. Nördlich wird es vom Norddeutschen Tiefland, südwestlich vom Münster'schen Kreidebecken umschlossen. Der Teutoburger Wald, ein über 100 Kilometer langer Bergkamm, war 9 n. Chr. Schauplatz der Hermannsschlacht, in der die Germanen drei römische Legionen schlugen. Das berühmte Hermannsdenkmal erinnert noch heute daran. Viel besucht werden auch die pittoresken Externsteine bei Detmold und das Westfälische Freilichtmuseum, das größte seiner Art in Deutschland. Weniger bekannt, aber nicht minder reizvoll sind das südlich an den Teutoburger Wald anschließende Eggegebirge, das Wesergebirge östlich und das Wiehengebirge westlich der Porta Westfalica sowie das Land rund um die Lippe.

Der Dom ist zentraler Orientierungspunkt in Köln, sei es vom anderen Rheinufer (mit der Eisenbahnbrücke) oder vom Roncalliplatz aus. Ein weiteres sehenswertes Gotteshaus ist die romanische Kirche St. Martin (oben rechts). Gemütlichkeit bietet die Altstadt mit ihren vielen Brauhäusern.

Köln

Was die westlichste Großstadt Deutschlands vor allem ausmacht, beginnt mit dem Buchstaben K: Kirchen, Kunst und Kölsch. Eine römische Siedlung war Keimzelle der heutigen Metropole am Rhein. Schon Karl der Große erhob Köln zum Erzbistum, und bereits im frühen Mittelalter gehörte es zu den führenden deutschen Städten. Sehenswerte romanische und gotische Kirchen zeugen noch heute von der einstigen geistlichen und geistigen Bedeutung Kölns, darunter natürlich auch das berühmteste Bauwerk, der Kölner Dom. Die Kunst ist in der Domstadt vor allem durch zahlreiche Kunstgalerien – so viele wie sonst nirgendwo in Deutschland – sowie bedeutende Museen, etwa das Museum Ludwig oder das Wallraf-Richartz-Museum, vertreten. Legendär ist auch die Lebensfreude der Kölner, die nicht nur im Karneval beim Rosenmontagsumzug ihr Ventil findet.

Bekannteste Kirche Kölns ist zwar der gotische Dom, daneben hat die Stadt aber auch sehenswerte romanische Kirchen zu bieten, wie St. Gereon (großes Bild). Untere Bildleiste, von oben: im Römisch-Germanischen Museum, Reliquienbüste im Schnütgenmuseum und ein Altarbild im Wallraf-Richartz-Museum. Das Museum Ludwig (oben links) beherbergt alte und moderne Kunst.

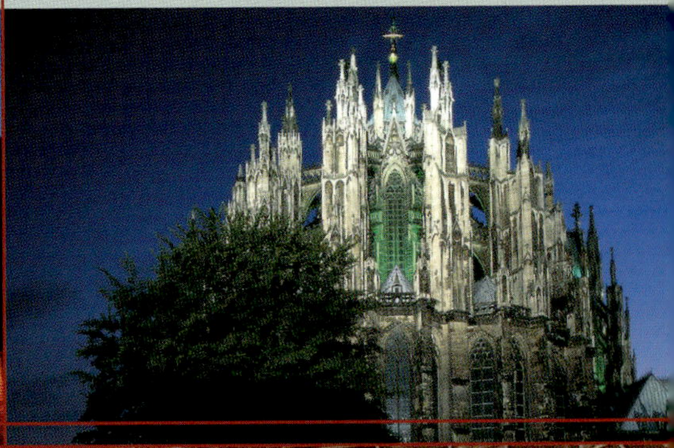

KIRCHEN, KLÖSTER UND MUSEEN

Als Sitz wichtiger Bistümer sowie als historische Industrieregion hat Nordrhein-Westfalen auch bedeutende kulturelle Schätze zu bieten. Am augenfälligsten sind die zahlreichen romanischen und gotischen Kirchen. An erster Stelle sind hier der Kölner und der Aachener Dom zu nennen, zwei der bedeutendsten Kirchenbauten der Welt. Kloster Kamp, das erste Zisterzienserkloster auf deutschem Boden, wurde bereits 1123 gegründet. Rund 22 Klöster und Klosterruinen liegen im Corveyer Land, mit Kloster Corvey als Hauptattraktion.

Vermögende Industrielle investierten ihre Gewinne auch in Kunst und Kultur, etwa Alfred Krupp, der sich in Essen die heute für wechselnde Ausstellungen genutzte klassizistische Villa Hügel erbauen ließ, oder Peter Ludwig mit der nach ihm benannten Sammlung moderner Kunst in Köln. Aber auch Land und Kommunen unterhalten bedeutende Kunst- und Geschichtsmuseen – etwa das Wallraf-Richartz Museum in Köln (Mittelalter bis 19. Jh.), die Kunstsammlung Nordrhein-Westfalen in Düsseldorf (klassische Moderne, Joseph Beuys) oder das Römisch-Germanische Museum in Köln. Nicht zu vergessen natürlich die Industriemuseen wie das Bergbaumuseum in Bochum oder die Kathedralen der Industriearchitektur wie die Maschinenhalle der Zeche Zollern in Dortmund.

Das bedeutendste Baudenkmal Aachens ist der Kaiserdom, dessen Entstehung eng mit Karl dem Großen verknüpft ist – links unten Karlsbüste in der Aachener Domschatzkammer, rechts eine Darstellung von Albrecht Dürer. Das große Bild zeigt den Thron des Kaisers, die Bilder oben den Dom von außen, den achteckigen Mittelbau, die Glasfenster im Hochchor und den Karlsschrein.

Aachen

Die einstige Residenz Karls des Großen war im Mittelalter eine der bedeutendsten Städte Europas. Bereits die Römer hatten sich hier angesiedelt, da sie die hiesigen Thermalquellen schätzten. Die Heilquellen waren wohl auch der Grund, warum Karl das Aachener Königsgut zur Pfalz ausbauen ließ und 794/795 zur Hauptresidenz erhob. Karl, der im Jahr 800 in Rom vom Papst zum Kaiser gekrönt worden war, starb 814 in Aachen. 936 ließ sich Otto I. hier zum König krönen, und bis zur Krönung von Karl V. 1531 war die Stadt Krönungsort der deutschen Könige. Noch heute zeugen zahlreiche Bauwerke von der großen Zeit der Kaiser und Könige, wie etwa das Rathaus oder die achteckige Pfalzkapelle, die das Herzstück des Aachener Doms bildet. Der Kaiserdom zählt seit 1978 zum UNESCO-Weltkulturerbe, und die Domschatzkammer gilt als bedeutendster Kirchenschatz nördlich der Alpen.

Als Kulturstadt präsentiert sich Bonn: Skulpturen von Niki de Saint Phalle (Kunst- und Ausstellungshalle), Stahlskulptur (Rheinisches Landesmuseum), Betonskulptur »Beethon« vor der Beethovenhalle. Oben: Schloss Augustusburg mit Treppenhaus und Speisezimmer in Schloss Falkenlust.

Brühl, Bonn

Über 40 Jahre war Bonn Hauptstadt der Bundesrepublik Deutschland. Aus barocken Zeiten stammen noch die kurfürstliche Residenz und das Poppelsdorfer Schloss. Eine heitere Rokokoschönheit ist das 1738 erbaute Bonner Rathaus. Berühmt ist Bonns Museumsmeile entlang der Adenauer- und Friedrich-Ebert-Allee mit Bundeskunsthalle, Kunstmuseum, Haus der Geschichte und Museum Alexander Koenig. Ein wenig Kanzlernostalgie lässt sich im einstigen Regierungsviertel mit Bundeshaus, »Langem Eugen«, Villa Hammerschmidt und Palais Schaumburg beschwören. In Brühl nördlich von Bonn liegen Schloss Augustusburg und das Jagdschloss Falkenlust. Seine ganze Schönheit entfaltet das als Meisterwerk des Rokoko gefeierte Augustusburg aber erst durch die vom französischen Gartenarchitekten Dominique Girard geschaffene barocke Gartenanlage.

Impressionen aus Sauerland, Siegerland und Bergischem Land: die Burg Altena, die älteste Jugendherberge der Welt (großes Bild), Freudenberg (oben), Schloss Herdringen, das bizarre Hemer Felsenmeer, Haus Cleff in Remscheid-Hasten und Schloss Berleburg (linke Bildleiste, von oben).

Sauerland, Bergisches Land, Siegerland

Für die dicht besiedelten Industriegebiete an Rhein und Ruhr sind die ausgedehnten Höhenzüge im südlichen Nordrhein-Westfalen von doppelter Bedeutung: Einerseits versorgen Talsperren sie mit Wasser, andererseits finden Erholungssuchende dort Ruhe und unberührte Natur. Das dicht bewaldete Sauerland, bekannt für seine zahlreichen Höhlen, weist im Rothaargebirge Erhebungen von bis zu 843 Meter auf. Sogar Wintersport ist hier möglich. Das südlich angrenzende Siegerland war rund 2000 Jahre lang Erzabbaugebiet und ist noch in der Erzverarbeitung bedeutend. In Siegen kam Peter Paul Rubens zur Welt. Weiter westlich schließt sich das Bergische Land an. Waldwirtschaft, Viehzucht und eisenverarbeitende Kleinindustrie prägen diese Region, deren kulturelles und wirtschaftliches Zentrum Wuppertal mit der berühmten Schwebebahn ist.

Das Moseltal ist die älteste deutsche Kulturlandschaft. Vor 2000 Jahren bauten hier die Römer Wein an und begannen damit, das Tal zu kultivieren und die Landschaft zu prägen. Unten: Das Weindorf Löf.

Wie in einem Märchen thront die Burg Eltz in einem Seitental der Mosel. Die mittelalterliche Burganlage stammt aus dem 13. Jahrhundert und ist seit 800 Jahren im Besitz der Grafenfamilie Eltz.

RHEINLAND-PFALZ, SAARLAND

Der Südwesten Deutschlands – die Bundesländer Rheinland Pfalz und Saarland – wird geprägt von Kontrasten. Eine überwältigende Kulturlandschaft an den Flüssen wie Rhein, Ahr, Nahe, Mosel und Saar geht über in die heute teils museale Industrieregion des Saarlands. Der Gegensatz ist dennoch höchst reizvoll. Es ist ein geschichtsträchtiges Gebiet mit zahlreichen Burgen, Kirchen und Klöstern. Eine Landschaft für Genießer obendrein: Nirgendwo in Deutschland wird so viel Wein angebaut – ein Erbe der Römer.

Eifel-Attraktion: Adenau mit seinen zahlreichen Fachwerkhäusern (oben). Untere Bildleiste, von links: die Bertradaburg, die Benediktinerabtei Maria Laach und Schloss Bürresheim bei Mayen. Die Anlage aus dem 12. Jahrhundert wurde nie zerstört. Großes Bild: Kratersee der Dauner Maare.

Eifel

»Denn Eifel hieß, was rauh und kalt, was öd und arm, von Sitten alt«, reimte 1844 der Dichter Ernst Moritz Arndt. Er beschreibt die Vorurteile, mit denen die Eifel damals zu kämpfen hatte – als abgelegenes »rheinisches Sibirien«. Mag auch sein, dass den Menschen die Eifel ein wenig unheimlich war: Sie ist schließlich Vulkangebiet. Hunderte von Feuerbergkegeln bestimmen um Daun und Manderscheid die Topografie. Der letzte große Ausbruch ereignete sich vor etwa 9000 Jahren. Bis an die Elbe sind die Aschepartikel geflogen. Viele Krater sind jetzt kreisrunde Seen – die Maare. Heute zeigt sich die Eifel als eines der schönsten deutschen Mittelgebirge: Weite Wälder mit malerischen Fachwerkstädtchen, Thermalquellen, an die 140 Ruinen, Burgen, Schlösser und Klöster sowie Eifelaner Spezialitäten wie der Apfelmost Viez locken viele Besucher an.

Großer Preis von Europa auf dem Nürburgring: Für den vielfachen Weltmeister Michael Schumacher aus dem nahe gelegenen Kerpen bei Aachen ist das so etwas wie ein Heimspiel. Mit Ferrari feierte er hier große Triumphe: 2000, 2001, 2002 und 2004 siegte er auf dem Nürburgring. Nur 2003 stand ein anderer auf dem Siegerpodest: Michaels Bruder Ralf Schumacher.

NÜRBURGRING

Ob es die berühmteste Rennstrecke der Welt ist, mag dahin gestellt sein; auf jeden Fall ist es die schönste, vielleicht auch die schwierigste: der Nürburgring. Ende der 1920er-Jahre entstand die Piste in der abgelegenen Wildnis der Eifel im Rahmen eines Arbeitsbeschaffungsprogramms. Später wurde sie wegen der waldreichen Umgebung auch »grüne Hölle« genannt. Ihren Namen hat die Rennstrecke von der mittelalterlichen Nürburg. Wie auch die Dörfer Quiddelbach, Herschbroich und Breidscheid, liegt sie im inneren Bereich der Nordschleife. Der legendäre Ruhm der Grand-Prix-Piste Nürburgring wurde gewoben von Triumphen und Tragödien, von Siegen und Niederlagen. 1954 verunglückte hier z. B. der Argentinier Onofre Marimón tödlich. Und 1976 hatte Niki Lauda seinen (beinahe tödlichen) Feuerunfall auf dem Nürburgring. Dann ging die Formel 1 nach Hockenheim, erst 1995 kehrte sie wieder zurück, nach der Modernisierung und Verkürzung der Strecke von 22,8 auf 20,8 Kilometer – und als Großer Preis von Europa. Der Nürburgring ist Kult, nicht nur bei den Motorsportfans. Das 24-Stunden-Rennen lockte als Happening im Jahr 2004 mehr als 220 000 Zuschauer an, das ist ein größerer Zulauf als bei der Formel 1. Und am Pfingstwochenende strömen Tausende zum Musikfestival »Rock am Ring«.

Mosel-Highlights: die weinumrankte Ruine Burg Landshut bei Bernkastel-Kues, Sommerresidenz der Trierer Kurfürsten (großes Foto), oben die Kaiserthermen in Trier, die besterhaltene römische Badeanlage nördlich der Alpen. Das antike Trier hatte einst rund 80 000 Einwohner und war damit eine der größten Städte des römischen Imperiums. Rechte Bildleiste, von oben: Moselschleife bei Bremm, Schloss Berg bei Perl-Nennig an der Obermosel (heute Luxushotel), die Reichsburg von Cochem, Fluss und Weinberge bei Leiwen.

Moseltal

Eigentlich ist die Mosel, der kapriziöseste Fluss der Deutschen, eine Französin. Sie heißt Moselle, entspringt in den tiefsten Vogesen, schlängelt sich an Metz vorbei, bevor sie Luxemburg und dann, auf den letzten 243 von 544 Kilometern Länge, endlich deutsche Lande erreicht. Vor über 2000 Jahren war sie Römerin und hieß Mosella. Cäsar hatte ihren Lauf und die Berge drumherum erobert. Und davor hatten sie die keltischen Treverer Mosea genannt. Die Mosel hat mehr Geschichte als irgendein anderer »deutscher« Fluss. An ihrem Ufer wurde Trier, die älteste deutsche Stadt, gegründet. Die Mosel mäandert an berühmten steilen Weinbergen und zahlreichen Burgen vorbei. Das alles macht sie zu einer legendären Schönheit, deren Lieblichkeit, Wein und Fischreichtum schon vom römischen Dichter Decimus Magnus Ausonius (310–395 n. Chr.) besungen wurden.

In einem Weinkeller in Traben-Trarbach reifen ältere Rieslinge (großes Bild). Obere Bildleiste, im Uhrzeigersinn: im Weinkeller des Weinguts Emil Franz in Traben Trarbach, Klosterkellerei Heilsbruck in Edenkoben an der Deutschen Weinstraße, Weinlese oberhalb von Traben-Trarbach, Rieslingtraube, Weingut bei Kallstadt.

EDLE TROPFEN

Rheinland-Pfalz – Land der Reben. In keiner anderen Region Deutschlands wird so viel Wein angebaut. Gleich sechs Anbaugebiete – Ahr, Mosel-Saar-Ruwer, Mittelrhein, Nahe, Rheinhessen und Pfalz – liegen in diesem Bundesland. Sogar jener Teil der Saar, von dem in guten Jahren legendäre Rieslinge kommen, fließt durch Rheinland-Pfalz und mündet bei Konz in die Mosel. Es ist viel erzählt, gesungen, geschrieben und auch geflucht worden über den Wein aus diesem Land. Etwa über den wein- und saufseligen Bustourismus an die Mosel, oder über die so genannten »Wasserburgen« an der Deutschen Weinstraße in der Pfalz, womit sehr große Weingüter gemeint sind. Und dass hierzulande die schlechtesten Weißweine der Welt gemacht werden – und die besten. An Letzterem ist was dran: Der Riesling von Mosel, Saar und Ruwer, aber auch von der Nahe, aus der Pfalz, Rheinhessen und dem Mittelrhein erlebt eine internationale Renaissance. Einige dieser Gewächse zählen zweifelsohne zu den weltbesten. Und die Rotweine (Spätburgunder) von der Ahr, aus der Pfalz und mittlerweile auch aus Rheinhessen erfreuen sich ebenfalls einer immer größeren Beliebtheit. So nähert sich der rheinpfälzische Weinbau wieder jener glorreichen Zeit am Ende des 19. Jahrhunderts, als große Rieslinge dieser Gegend zum Mythos wurden.

Rheinromantik: die restaurierte Burg Stahleck bei Bacharach (großes Bild). Obere Bildleiste, von links: das Weinstädtchen Bacharach, Burg Rheinfels bei St. Goar, die Rheinschleife bei Boppard. Untere Bildleiste, von oben: Mäuseturm bei Bingen, die Pfalzgrafenstein mit Burg Gutenfels bei Kaub.

Mittelrhein

»Ich weiß nicht, was soll es bedeuten?«, dichtete Heinrich Heine über die Loreley, einen schroffen, 132 Meter hohen Felsen am Rhein. Die Frage wurde in der sehnsuchtsvollen Tiefe des deutschen Herzens geboren, dort, wo es so romantisch rumort. Denn hier am Mittelrhein zwischen Bingen und Koblenz liegt die Quelle der deutschen Romantik: Der blinkende Fluss windet sich durch ein enges Tal, vorbei an mittelalterlichen Fachwerkstädtchen und Burgen auf den Berghöhen, an steilen Weinhängen. Da mag sich schon die Brust in süßer Wehmut weiten, nicht nur die deutsche. Dieser mit Abstand schönste Flussabschnitt des Rheins, Weltkulturerbe der UNESCO, steht in der Beliebtheitsskala von Touristen aus Japan und den USA ganz weit oben. Es ist ja auch eine bemerkenswerte Landschaft, und wenn man dazu ihren Wein trinkt, kann sie sogar zum Verlieben sein.

Kirchenschiff des Wormser Doms mit dem barocken Hochaltar von Johann Balthasar Neumann (großes Bild). Oben: die Sandsteinfassaden des Mainzer Doms. Unten: der sechstürmige Kaiser- und Mariendom von Speyer mit der besonders eindrucksvollen Krypta (rechts daneben).

Die Kaiserdome am Rhein – sie sind nicht nur gewaltige Kathedralen, sondern auch bedeutende Schauplätze der deutschen Geschichte. Alle drei stehen am Rhein, in Städten, die römischen Ursprung haben. Der Dom zu Mainz geht auf das späte 10. Jahrhundert zurück. Der erste Bau ging, am Tage seiner Einweihung, 1009 in Flammen auf. Kaiser Konrad II. errichtete im 11. Jahrhundert den Nachfolgebau und später Kaiser Heinrich IV. den heutigen romanischen Teil. Im Dom St. Martin und St. Stephan wurden sieben deutsche Könige gekrönt. Die Anfänge des Doms zu Worms, St. Peter und Paul, gehen auf das beginnende 11. Jahrhundert zurück. Konrad der Rote, Ahnherr des Kaisergeschlechts der Salier, liegt hier begraben. Zwischen den Jahren 1130–1181 entstanden große Teile des heutigen Bauwerks. 1147 rief der Heilige Bernhard im Dom zu Worms zum Kreuzzug auf und 1521 verhängte Kaiser Karl IV. hier über Martin Luther die Reichsacht. Der majestätische Dom zu Speyer ist die größte romanische Kirche der Welt. 1030 wurde der Grundstein von Kaiser Konrad II. gelegt. In der Krypta befinden sich die Grabgelege von vier deutschen Königen, unter ihnen Rudolf von Habsburg, und vier Kaisern, darunter der unglückliche Heinrich IV., der von Speyer aus den berühmten Bußgang zum Papst nach Canossa antrat.

Naturparadies Pfälzer Wald: Waldwiesen mit Veilchen und Glockenblumen, die Felsformation Teufelstisch bei Dahn (oben Mitte). Die Saarschleife bei Mettlach ist einer der schönsten Flussabschnitte (großes Bild). Der Kontrast rechts: die Völkinger Eisenhütte mit Industriemuseum.

Pfälzer Wald, Saartal

Zwei Landschaften, zwei unterschiedliche Regionen, die neben ihrer geografischen Nähe nicht sehr viel miteinander zu tun haben. Der Pfälzer Wald gehört zu Rheinland-Pfalz, das Saartal zum Saarland. Zwar pflegen beide eine gute Nachbarschaft, doch sonderlich grün sind sich Pfälzer und Saarländer nicht. Der Pfälzer Wald gilt als das größte zusammenhängende Waldgebiet in Deutschland. Für Wanderer bildet er ein Naturparadies mit zahlreichen Burgen und Felslandschaften sowie einer üppigen Flora und Fauna. Sogar Wildkatzen und Luchse sollen über die Vogesen eingewandert sein. Das Saartal hingegen hat zwei Gesichter – ein industrielles und ein zauberhaft naturbelassenes. Zwischen Saarbrücken und Dillingen begegnet man (meist stillgelegten) Bergwerken und Eisenhütten, dann wird's idyllisch. Der Höhepunkt: die Saarschleife bei Mettlach.

Wie vor 500 Jahren, als Luther in Erfurt studierte, prägen noch heute Sakralbauten die Silhouette der thüringischen Landeshauptstadt. Auf dem kleinen Bild: der im Kern romanische Mariendom und, rechts davon, die gotische Severikirche. Großes Bild: Ein beliebtes Ausflugsziel für die Kasseler ist der nördlich der Stadt gelegene Reinhardswald.

HESSEN, THÜRINGEN

Die beiden einst von der innerdeutschen Grenze getrennten Nachbarländer bilden heute das Herzstück Mitteldeutschlands. Zwischen Rhein und Saale, Taunus, Harz und Thüringer Wald erstreckt sich eine Region mit grünen Idyllen. Hier bündeln sich aber auch in besonderem Ausmaß Kunst und Kommerz, und die Erinnerung an große Namen: Goethes Weimar und das »Mainhattan« Frankfurts, Luthers Wartburg, das Jugendstil-Mekka Darmstadt und Kassel mit der documenta – die Gegensätze könnten kaum größer und spannender sein.

Der Bahnhof Kassel-Wilhelmshöhe ist im großen Bild zu sehen. Linke Bildleiste Schloss Wilhelmshöhe und der Sarkophag Heinrichs des Löwen und seiner Frau im Museum für Sepulkralkultur. Bilder oben: Werke von Yinka Shonibare, Kutlug Ataman und Fabian Marcaccio auf der documenta 11.

Kassel

Kassels Innenstadt ist infolge der Kriegszerstörungen und des zweckorientierten Wiederaufbaus nur mäßig attraktiv. Umso sehenswerter sind der Bergpark und Schloss Wilhelmshöhe mitsamt dem 70 Meter hohen Wahrzeichen namens Herkules. Alle vier bis fünf Jahre, das nächste Mal 2007, verwandelt sich Kassel in einen Laufsteg der Ultramoderne. Dann gibt sich die crème de la crème der Bildenden Künstler aus aller Welt an der Fulda, am Fuße des Habichtswaldes, ein Stelldichein und präsentiert auf der internationalen Kunstausstellung »documenta« ihre jüngsten Kreationen. Auf dem neuesten Stand erweist sich die ehemalige Hauptstadt des Kurfürstentums Hessen auch, was ihre Infrastruktur betrifft, denn sie bildet mit dem Bahnhof Kassel-Wilhelmshöhe einen wichtigen Verkehrsknotenpunkt. Auch als Wirtschaftsstandort hat sie an Bedeutung gewonnen.

Die Kunst des Fachwerkbaus findet sich vielerorts – etwa in Homberg (großes Bild), in Zwingenberg am Neckar, in Michelstadt im Odenwald oder in Miltenberg am Main (oben, von links), auch in Bad Sooden-Allendorf an der Werra oder in Melsungen an der Fulda (unten, von links).

FACHWERK

Von Japan bis Oklahoma gilt sie als Inbegriff deutscher Traditionsliebe und Behaglichkeit: jene als Fachwerk bezeichnete Bauweise, bei der man zunächst ein Stabwerk aus Holz herstellt und dessen einzelne Fächer danach mit Lehm, Ziegel- oder Schwemmsteinen auffüllt. Vorstufen dieser Art des Hausbaus sind schon für den vorchristlichen Vorderen Orient und das Römische Reich dokumentiert. Im Mittelalter kam sie auch in England, Holland und Skandinavien zur Anwendung. Doch zur vollen Blüte entwickelte sich die Technik, einen Basisbalken, die so genannte Schwelle, mit dem oben abschließenden Rahmen mittels Zapfen, Säulen und schrägen Streben zusammenzufügen, in deutschen Landen. Als Material diente in erster Linie Eichenholz, aber auch jenes von Tanne und Fichte. Konstruktionsweise und Musterung der Wandflächen durch das beiderseits sichtbare Holzskelett variieren von Region zu Region. Vielerorts färbte man das Balkenwerk mit Ochsenblut rot oder mit Teer schwarz, und verzierte das weiße Gefache durch Kratzputz. Charakteristisch für mehrgeschossige Bürgerhäuser sind die stark vorragenden oberen Stockwerke. Seine höchste Entfaltung erlebte der Fachwerkbau im 16. und 17. Jahrhundert. Aus jener Hochzeit blieb manch Stadtensemble von beeindruckender Geschlossenheit erhalten.

Die alte Bischofsstadt Fulda empfängt ihre Gäste mit hochkarätigen Baudenkmälern: Ihr Schloss (linke Bildleiste, unten) und der Dom (oben) sind beide Werke des Barockarchitekten Johann Dientzenhofer. Aber auch manches Palais – wie das an der Friedrichstraße (Mitte) – sind von üppiger Pracht. Das große Bild zeigt die Rotunde der frühromanischen Michaelskirche, das kleine Bild oben eine Impression an der Wasserkuppe.

Fulda, der Vogelsberg und die Rhön

Tektonische Kräfte schufen im Herzen des heutigen Deutschland vor Jahrmillionen manch außergewöhnliche Landschaftsformation: Der Vogelsberg etwa, rund 50 Kilometer nordöstlich von Frankfurt, bildet nach Fläche und Masse den größten inaktiven Schildvulkan Europas. Mit seinem von Basaltklippen gespickten Hochwald und dem welligen, parkartigen Saum ist er ein besonders bei Mountainbikern sehr beliebtes Erholungsgebiet. Ein herberes, doch um nichts weniger faszinierendes Flair verströmt die im hessisch-thüringisch-bayerischen Dreiländereck gelegene Rhön. Ebenfalls vulkanischen Ursprungs, besteht sie aus zahlreichen Einzelbergen und Massiven. In dem dünn besiedelten Gebiet wurden zwei Naturparks eingerichtet. Die mit 950 Metern höchste Erhebung, die Wasserkuppe, gilt bis heute als Geburtsort und Eldorado des Segelflugsports.

Neben Limburg, der alten Universitätsstadt Marburg und dem Kurort Bad Ems zählt Wetzlar zu den Pflichtstationen auf einer Fahrt durch das Lahntal. Limburg, einst Sitz des Reichskammergerichts, wird überragt vom spätromanischen Dom (großes Bild und oben). Rechts oben: der Kornmarkt in Limburg. Untere Bildleiste, von oben): Wetzlar, Burg Greifenstein, Burg Runkel, die Lahn im Naturpark Nassau.

Limburg und das Lahntal

Wo sich zwischen Taunus und Westerwald die Lahn ihrer Mündung südlich von Koblenz entgegenschlängelt, erstreckt sich eines der anmutigsten Nebentäler des Rheins. Malerische Dörfer und Städtchen, Burgen und Schlösser finden sich hier dicht gereiht. Eine der glänzendsten kulturgeschichtlichen Perlen ist, direkt an der Grenze zu Rheinland-Pfalz, die altehrwürdige Bischofsstadt Limburg. Sie wird seit dem frühen 13. Jahrhundert von dem spätromanischen siebentürmigen Dom St. Georg überragt. Mit diesem baulich verbunden, thront auf demselben zur Lahn hin steil abfallenden Kalkhügel das vom Geschlecht der Isenburger errichtete Schloss. Die Altstadt, die den beiden zu Füßen liegt, besitzt in ihrem Kern, insbesondere um den Kornmarkt, ausgesprochen schöne Fachwerkbauten mit reichen, oft figürlichen Schnitzereien aus dem 13. bis 18. Jahrhundert.

Blick auf die Skyline von Frankfurt mit dem 259 Meter hohen Commerzbank-Tower (großes Bild). Mittelpunkt der Innenstadt ist der Platz An der Hauptwache mit der Katharinenkirche. Die Alte Oper gilt als ein Wahrzeichen der Stadt (oben, von links). Neben dem Big Business blüht vielerorts auch Dolcefarniente: Am Museumsufer herrscht an lauen Abenden fröhliches Sehen und Gesehenwerden, und in Sachsenhausen bekommt man in gemütlichen Kneipen Äppelwoi serviert (rechts oben und unten).

Frankfurt am Main

Das Missverhältnis zwischen Einwohnerzahl und Finanzmacht ist stets von neuem verblüffend: Obwohl die alte Reichsstadt nur rund 660 000 Menschen zählt, konzentriert sich in Frankfurt wie in keiner zweiten deutschen Stadt das Kapital. Deutsche Bank und Commerzbank, die wichtigste Börse in Deutschland und etliche große Versicherungshäuser sind hier zuhause. Kein Wunder, dass die Skyline von »Mainhattan«, dessen Bedeutung als Messe- und Börsenstadt bis ins 14. Jahrhundert zurückreicht, vor Selbstbewusstsein strotzt. Im Schatten der Wolkenkratzer hält das andere, historische Frankfurt wacker die Stellung. Sein Zentrum ist der Römerberg mit dem Römer, einem Häuserensemble mit dem Alten Rathaus, und der Dom, in dem die deutschen Könige und später die Kaiser gewählt wurden. In der nahen Paulskirche tagte 1848/49 die erste deutsche Nationalversammlung.

Der Marktplatz von Michelstadt mit dem spätgotischen Rathaus (großes Bild). Obere Bildleiste, von links: die über 1200 Jahre alte Torhalle der ehemaligen Benediktinerabtei von Lorsch, Geweihgalerie im Schloss Erbach, die »Kellerei« genannte einstige Burg in Michelstadt und Miltenberg am Main.

Odenwald

Das Mittelgebirge zwischen Neckar und Main ist gekennzeichnet durch waldreiche Kuppen, die weiter östlich von einer recht einförmigen Hochfläche abgelöst werden. Im Süden hat der Neckar ein stark mäandrierendes und sehr malerisches Tal aus dem Sandstein gefräst. An seinem Nordrand in Messel, unweit von Darmstadt, gewähren Fossilien, die man im dortigen Ölschiefer fand und heute im Heimatmuseum zeigt, einzigartige Blicke auf Fauna und Flora vor 50 Millionen Jahren. Eine reiche Geschichte hinterließ, über den ganzen Landstrich verstreut, eine Fülle von Burgen, aber auch alte Orte voller Fachwerkbauten. Touristenmagnet Nummer eins ist der zentral an der Nibelungenstraße gelegene Ort Michelstadt. Er ist berühmt für seinen hübschen Marktplatz mit dem spätgotischen Rathaus sowie für die Einhardsbasilika, ein kostbares Zeugnis karolingischer Baukunst.

Die Wartburg (großes Bild) war vor 200 Jahren völlig verfallen, wurde im Laufe des 19. Jahrhunderts im romantischen Stil wieder aufgebaut und nach 1945 erneut restauriert. Obere Bildleiste, von links: Vogtei mit dem »Nürnberger Erker«. Im Zentrum des Besucherinteresses steht nicht zuletzt jener Raum, in dem Luther das Neue Testament aus dem Urtext übersetzte und so die deutsche Hochsprache begründete. Die unteren Bilder zeigen Mosaiken zur Heiligen Elisabeth in der Elisabethkemenate.

Wartburg

Sie zählt zu den überragenden Symbolbauten der deutschen Geschichte: jene der Sage nach 1067 gegründete Burganlage südwestlich von Eisenach, von der aus die Landgrafen viele Generationen lang über Thüringen herrschten. Anfang des 13. Jahrhunderts soll hier jener legendäre Sängerkrieg stattgefunden haben, an dem auch Wolfram von Eschenbach, Heinrich von Ofterdingen und Walther von der Vogelweide teilnahmen, und den Richard Wagner in seinem »Tannhäuser« thematisierte. Um dieselbe Zeit lebte in dem wehrhaften Gemäuer die ungarische, später ob ihrer Wohltaten für die Armen heilig gesprochene Königstochter Elisabeth. Vor allem aber fand Martin Luther, alias Junker Jörg, unter Kurfürst Friedrich III. von Sachsen auf der Burg Schutz vor Kirchenbann und Reichsacht und übersetzte hier das Neue Testament 1522 binnen zehn Wochen ins Deutsche.

Als »Erfordia turrita«, als »türmereiches Erfurt«, pries bereits Martin Luther jene an einer Furt des Flüsschens Gera gegründete Stadt, in der er vier Jahre lang studierte. Der Stich von Wolfgang Taubert (oben) zeigt Erfurt vermutlich zu Luthers Zeiten. Großes Bild: Dom und Severikirche.

Erfurt

Elf Klöster, 21 Pfarr-, vier Stifts- sowie 15 Klosterkirchen und Kapellen überragen, so haben eifrige Topografen gezählt, bis heute Erfurts Häusermeer. Die imposanteste Kulisse bilden dabei der dreitürmige, für seine reiche Ausstattung – darunter 15 hochgotische Glasfenster und der romanische Wolfram-Leuchter – berühmte Mariendom und die ebenfalls mit drei behelmten Türmen versehene Severikirche. Und zwar nicht nur, wenn die Erfurter temperamentvoll feiernd den Frühling willkommen heißen. Kaum minder tief gräbt sich der Anblick der Fachwerkhäuser im Andreasviertel und der beiderseits mit Häusern bebauten Krämerbrücke mit ihren Steinbögen ins Gedächtnis. Die Erfurter Universität wurde 1392 als die nach Köln zweitälteste des Reiches eröffnet, bildete im frühen 16. Jahrhundert einen Brennpunkt des Humanismus und wurde 1816 geschlossen.

Weimar besitzt eine Überfülle an Stätten, die das Gedenken an ihre Blütezeit hochhalten. Goethe- und Schillerhaus, deutsches Nationaltheater und Herderkirche sind darunter nur die namhaftesten. Viel besucht sind auch das Stadtschloss mit »Rotem Salon« (großes Bild) und Dichterzimmer (unten rechts) sowie das Rokokoschloss Belvedere (oben). Seit Oktober 2007 ist nach umfassender Restaurierung auch die nach dem Brand vom 2. September 2004 weitgehend zerstörte Herzogin-Anna-Amalia-Bibliothek mit ihrem prächtigen Rokokosaal wieder zugänglich.

Weimar

Über die thüringische Kleinstadt Weimar verlautet das Lexikon, es sei nach der Mitte des 18. Jahrhunderts zu »einem Mittelpunkt des deutschen Geisteslebens« geworden. Wer heute durch ihre schmucken Gassen spaziert, verspürt ohne Zweifel den Genius loci und kann das geistige Erbe unmöglich übersehen. Denn die Stadt strotzt vor Kulturdenkmälern und wurde mit gutem Grund zu großen Teilen von der UNESCO zum Welterbe erklärt. Natürlich brachten die beiden hier einst ansässigen Überväter der deutschen Klassik, Goethe und Schiller, einen Gutteil des Renommees. Doch bescherten auch in den Jahrhunderten davor und danach etliche Genies der schon in ottonischer Zeit urkundlich erwähnten Stadt unsterblichen Ruf – von Luther, Cranach und Bach bis zu Franz Liszt, den Malern Böcklin und Liebermann und dem Bauhaus-Gründer Walter Gropius.

Goethe und Schiller vor dem Nationaltheater in Weimar. Bildleiste rechts: Goethes Gartenhaus an der Ilm, Juno-Zimmer und Bibliothek im Goethehaus, Wohnraum im Schillerhaus und das Haus von außen. Oben: Vitrine in Auerbachs Keller in Leipzig, der Goethe zur berühmten Faust-Szene inspirierte.

GOETHE UND SCHILLER

Wenn die Rede auf Weimar kommt, mag so manchem an der jüngeren Geschichte interessierten Zeitgenossen zunächst jene Verfassung in den Sinn kommen, die im August 1919 von der Nationalversammlung im örtlichen Theater verabschiedet wurde. Ungleich heller erstrahlt freilich der Glanz, den Anna Amalia anno 1772 der Stadt verlieh. Die Herzogin aus dem Haus Braunschweig hatte als Erzieher ihrer Prinzen den Dichter Christoph Martin Wieland an den Hof geholt und mit diesem im Wittumspalais und in Schloss Tiefurt alsbald einen literarischen Kreis um sich versammelt. Bald berief der Herzogin Sohn, Karl August, Johann Gottfried von Herder und Johann Wolfgang von Goethe nach Weimar. 1799 folgte Friedrich Schiller. Gemeinsam begründeten diese großen Dichter und Denker den Weimarer Kreis und mit ihrem Schaffen den Ruhm ihrer Wahlheimat als Stadt der deutschen Klassik. Doch blieb es den beiden Letzteren vorbehalten, zu Zugpferden des heutigen Kulturtourismus zu avancieren. Hauptpilgerort ist naturgemäß das Goethehaus am Frauenplan, in dem der Geheimrat 47 Jahre lang lebte. Der schlichte Barockbau ist bis heute original ausgestattet – mit antikisierenden Elementen und damals »hypermodernem« Mobiliar. Authentisch nachgestellt ist die Einrichtung des Schillerhauses in der Schillerstraße.

Impression mit Fliegenpilz im Thüringer Wald. Obere Bildleiste, von links: Spielzeugmuseum in Sonneberg; Saal im Renaissanceschloss Wilhelmsburg in Schmalkalden; die Feengrotten bei Saalfeld bieten faszinierende Tropfsteinformationen. Bild unten: Saaleschleife bei Bad Lobenstein.

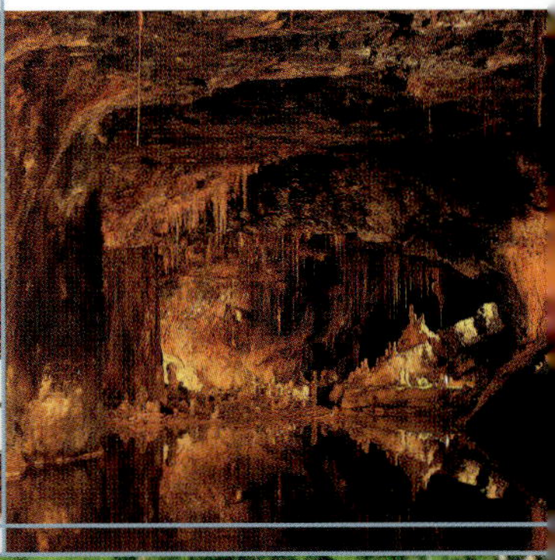

Thüringer Wald, Saaletal

Der Thüringer Wald, Deutschlands geografischer Mittelpunkt, bildet mit dem südöstlich angrenzenden Schiefergebirge zugleich auch sein größtes zusammenhängendes Forstgebiet. Die beiden bis zu 1000 Meter hohen Mittelgebirge waren dank ihrer sanften Kuppen und dank des milden Klimas schon zu Goethes Zeiten beliebte Sommerfrischen. Schmucke Bäder und Luftkurorte, ein ausgedehntes Netz von Wanderwegen und ausgezeichnete Möglichkeiten zum Wintersport haben seither seine touristische Anziehungskraft maßgeblich erhöht. Meiningen, Bad Salzungen, Bad Liebenstein, Oberhof und Schmalkalden mit seiner denkmalgeschützten Altstadt oder das für Aktivsportler sommers wie winters gleichermaßen attraktive Schmiedefeld am Rennsteig, dem bekannten Höhenweg, sind nur einige der viel besuchten Ausflugsziele dieser sehr naturbelassenen Region.

Das künstlerische Erbe zwischen Naumburg und Magdeburg, Dessau und Dresden ist immens. Eine viel besuchte Attraktion ist das Jagdschloss Moritzburg (unten). Das große Bild zeigt einen Ausschnitt des berühmten Fürstenzuges, jener über 100 Meter langen, auf Meißener Porzellankacheln gemalten Porträtgalerie, die an der Außenseite des Langen Ganges in Dresden sämtliche Wettiner Herrscher zeigt.

SACHSEN-ANHALT, SACHSEN

Ist Berlin das moderne und machtpolitische Herz der wieder vereinten Republik, so sind die beiden Bundesländer Sachsen-Anhalt und Sachsen gewissermaßen ein historisches Stammland. Städte, Kirchen, Klöster, Schlösser, Herrensitze und Wälder sind hier, zwischen Harz und Erzgebirge, Neiße, Elbe und Saale, allesamt sehr alt. Die Kunstschätze sind dementsprechend überwältigend. Jung hingegen sind die Menschen, und mannigfach die Chancen, die sich ihnen hier neuerdings bieten.

Magdeburg liegt am Ostrand der fruchtbaren Magdeburger Börde an der mittleren Elbe. Blickfang des vom Fluss umrahmten Stadtpanoramas ist der St.-Mauritius-Dom (großes Bild). Das thronende Herrscherpaar in einer Kapelle des Doms stellt vermutlich Kaiser Otto I. und seine Gemahlin Editha dar, daneben der Chorumgang im Dom (oben). Wahrzeichen der alten Hansestädte Stendal und Tangermünde: Rolandsfigur am Stendaler Rathaus und Blick über die Elbwiesen auf die Stephanskirche in Tangermünde (unten).

Magdeburg und die mittlere Elbe

Magdeburg, die ehemalige Hanse- und heutige Hauptstadt Sachsen-Anhalts ist nicht zuletzt dank ihres Elbhafens seit dem Mittelalter ein bedeutender Verkehrsknotenpunkt. Auch als Industriezentrum und Forschungsstandort hat sie – man denke an das berühmte Experiment von Otto von Guericke zur Demonstration von Luftdruck und Vakuum mit den »Magdeburger Halbkugeln« – einen guten Namen. Überragend ist freilich ihre historische Bedeutung: Schon Mitte des 10. Jahrhunderts wählte Kaiser Otto I. den bereits in karolingischer Zeit erwähnten Handelsplatz zu seiner Hauptresidenz. Indem er die Stadt 968 zusätzlich zum Sitz eines Erzbischofs erkor, machte er sie, deren Verfassung übrigens als »Magdeburger Recht« beispielgebend für viele weitere Stadtgründungen war, zum Ausgangspunkt für die Slawenmission und Ostkolonisation.

Im Jahr 1800, nach insgesamt 35 Jahren Arbeit, waren die Wörlitzer Anlagen vollendet. Über das 112 Hektar große Reich aus exotischen Blumen, Büschen und Bäumen finden sich bis heute zahlreiche Kulissenbauten verstreut, so auch das herrlich gelegene Schloss Wörlitz (großes Bild und unten). Sie sollen, dem damaligen romantischen Geist gemäß, an die Reisen des Fürsten nach Italien und England erinnern. Das Gotische Haus (oben) wurde ab 1773 im neugotischen Stil errichtet.

Wörlitz

Auf halbem Weg zwischen Dessau und Wittenberg liegt das größte und meistbesuchte Ausflugsziel der Region: das weltberühmte Gartenreich Dessau-Wörlitz. 1765 hatte »Vater Franz«, wie der Volksmund Leopold Friedrich Franz von Anhalt-Dessau liebevoll nannte, den Auftrag erteilt, am gleichnamigen See nach englischem Muster Deutschlands ersten Landschaftspark anzulegen. Wenig später entstand am Ufer des Wörlitzer Sees des Fürsten Sommerresidenz, eine Schöpfung des Architekten Wilhelm von Erdmannsdorff und erster großer klassizistischer Bau im Land. Als Museum öffentlich zugänglich, präsentiert dieses Schloss heute die umfangreiche Kunstsammlung seines Erbauers und vermittelt durch seine noch erhaltene Innenausstattung eine authentische Vorstellung der fürstlichen Wohnkultur. Das Gartenreich steht seit 2000 auf der Welterbeliste der UNESCO.

Das farbenfrohe Rathaus von Wernigerode ist eine Aushängeschild der Fachwerkarchitektur im Harz (großes Bild). Quedlinburg, dessen Altstadt UNESCO-Weltkulturerbe ist, wird von der Stiftskirche St. Servatius und dem Renaissanceschloss überragt (oben). Linke Bildleiste: Fachwerkimpressionen in Quedlinburg (ganz unten das Haus »Der Haken« am Marktplatz).

Quedlinburg, Wernigerode

Das über 1000-jährige Quedlinburg im nördlichen Harzvorland stellt einen städtebaulichen Schatz von seltener Kostbarkeit dar. Bereits im frühen 10. Jahrhundert waren hier am Ufer der Bode, im Schutze der Reichspfalz Heinrichs I., des Sachsenherzogs und ersten deutschen Königs, zwei Siedlungen entstanden, die alsbald zu einer Stadt verschmolzen. Die Gründung eines Stifts samt Verleihung der Markt-, Münz- und Zollfreiheit beschleunigten die Entwicklung »Quitilingaburgs« zu einem Zentrum des Handels und Geisteslebens, das 1426 sogar der Hanse beitrat und sich sein mittelalterliches Gepräge bis heute erhalten hat. Als ähnlich malerisch erweist sich das westlich gelegene Städtchen Wernigerode. Schmuckstück und unverwechselbares Wahrzeichen der »bunten Stadt am Harz« ist ihr über 500 Jahre altes Rathaus mit den zwei schlanken Erkertürmen und der Prunkfassade.

Rathaus und St.-Marien-Kirche beherrschen den Marktplatz mit den Standbildern Luthers und Melanchthons; links: ein Bildnis Luthers von Cranach. Oben: im Lutherhaus in der Collegienstraße, daneben der Innenraum der Schlosskirche; unten der Turm und die berühmte Tür der Kirche.

Lutherstadt Wittenberg

Die am Nordufer der Elbe und an den südlichen Ausläufern des Flämings gelegene Stadt ist, wie ihr offizieller Beiname augenscheinlich belegt, untrennbar mit dem Wirken des großen Reformators verbunden. Martin Luther (1483 –1546) war 1508 als Augustinermönch nach Wittenberg gekommen und lehrte ab 1512 an der örtlichen, zehn Jahre zuvor von Kurfürst Friedrich dem Weisen gegründeten Universität Theologie und Philosophie. Indem er im Oktober 1517 seine berühmten 95 gegen die klerikale Misswirtschaft gerichteten Thesen an die Tür der örtlichen Schlosskirche schlug, leitete er die Reformation ein. Zahlreiche damit in Zusammenhang stehende Sehenswürdigkeiten der Stadt sind zum UNESCO-Weltkulturerbe erklärt worden. Auf dem Marktplatz, vor der Fassade des Rathauses und der St.-Marien-Kirche, ehrt die Stadt ihren größten Sohn mit einem Denkmal.

Georg Friedrich Händel grüßt auf dem Marktplatz von Halle vor der Kulisse der Marienkirche und des Roten Turms vom Podest. Naumburgs Attraktion ist der spätromanisch-frühgotische Dom (großes Bild rechts), in dem sich die weltberühmten Stifterfiguren (unten rechts) befinden. Daneben: Friedhof an der Saale. Oben: das Renaissanceschloss von Bernburg an der Saale.

Halle, Naumburg und das Saaletal

Das Einzugsgebiet von Saale und Unstrut bildet mit seinen Weingärten, den imposanten Burgen und Schlössern, den musealen Schätzen und vielfältigen Möglichkeiten für Aktivsportler ein attraktives Ausflugs- und Erholungsgebiet. Urbanes Zentrum der Region ist seit über 1000 Jahren Halle. Die durch Salzgewinnung schon früh reich gewordene, ehemalige Hansestadt war zu DDR-Zeiten ein bedeutender Industriestandort. Von der Bausubstanz des Mittelalters und der Gründerzeit haben sich bemerkenswert weite Teile bis heute erhalten. Georg Friedrich Händel, der große Sohn der am Rande des Harzes und der Leipziger Tieflandbucht gelegenen Stadt, hat ihr zu ihrem hervorragenden Ruf als Musik-Stadt verholfen. Inmitten von Weinbergen südlich der Einmündung der Unstrut in die Saale liegt Naumburg, das vor allem wegen der zwölf Stifterfiguren von 1250 in seinem Dom berühmt ist.

Die »Hauptstadt der Wende« und zweitgrößte Stadt in den neuen Bundesländern spielte auch in Goethes Werk und Leben eine Rolle. Obere Bildleiste, von rechts: In »Auerbachs Keller«, Deutschlands wohl berühmtester Gastwirtschaft, ließ der Dichter sich zu der gleichnamigen Szene im »Faust« inspirieren. Vor der Alten Börse am Naschmarkt, dem ersten Barockbau der Stadt aus dem späten 17. Jahrhundert, erhebt sich das Standbild des Dichterfürsten. Großes Bild: die Glashalle der Neuen Messe. Unten: Blick auf das 1981 neu errichtete Gewandhaus.

Leipzig

Die an die 1000 Jahre alte Stadt an der Weißen Elster, in der 1989 das Ende der DDR eingeläutet wurde, präsentiert sich der Welt seit langem mit vielerlei Gesichtern. Etwa als Stadt des Buches und der Musik: Hier wurden Verlage wie Baedeker, Brockhaus und Reclam gegründet, und hier hat die Deutsche Bücherei ihren Sitz; hier wirkten Bach, Mendelssohn-Bartholdy und Schumann, sind Thomanerchor und Gewandhausorchester zu Hause. In Leipzig gründete aber auch Lassalle 1863 den Allgemeinen Arbeiterverein. Die Stadt besitzt die nach Heidelberg zweitälteste Universität Deutschlands (1409) und eine bedeutende Industrie. Vor allem aber ist sie seit dem Spätmittelalter eine weithin bekannte Messestadt. Symbol dieser ungebrochenen Tradition ist die Mitte der 90er-Jahre errichtete, gigantische Glaskonstruktion – die so genannte Neue Messe.

Dresdens Altstadt wurde Ende des Zweiten Weltkriegs unwiederbringlich zerstört. Viele der berühmten Bauwerke jedoch, allen voran der Zwinger (Bildleiste unten), die Semperoper (oben links), das Residenzschloss und die Hofkirche (oben rechts) sowie die elegant an das Elbufer geschmiegte Brühlsche Terrasse (großes Bild) wurden aufwändig rekonstruiert.

Dresden

»Venedig des Ostens«, »sächsische Serenissima«, »Elbflorenz«, »Perle des Barock« – die Beinamen, mit denen die Hauptstadt des Freistaates Sachsen im Laufe der Zeit gepriesen wurde, sind so zahlreich wie überschwänglich. Und das hat seinen guten Grund. Denn die ehemalige kurfürstliche Residenz zählt ohne Zweifel zu den großen europäischen Kulturmetropolen. Seit 1485 Regierungssitz der Albertiner, wuchs sie im 17. und 18. Jahrhundert auf Betreiben August des Starken und seiner Nachfolger zu einer der prachtvollsten barocken Residenzstädte in deutschen Landen heran. Im späten 18. und frühen 19. Jahrhundert machte bürgerliches Geistesleben Dresden zu einem Zentrum der deutschen Romantik. Die verheerenden Bombennächte im Februar 1945 jedoch wurden der ruhmreichen Stadt zum Verhängnis, die historische Altstadt wurde völlig zerstört.

Dresdens Stadtsilhouette ist wieder komplett: Seit 2005 beherrscht die Frauenkirche wieder den Dresdner Neumarkt. Nach Entwürfen von Ratszimmermeister George Bähr war das Gotteshaus 1722–1734 errichtet worden. Es gilt als der bedeutendste protestantische Kirchenbau des Barock in Deutschland. Oben: eine Vedute des Malers Bernardo Bellotto von 1748. Rechts unten: die Kuppel der Kunstakademie und dahinter die als »Steinerne Glocke« berühmt gewordene, in ihrer Form einzigartige Kuppel der Frauenkirche, die als der größte derartige Bau nördlich der Alpen gilt.

DIE FRAUENKIRCHE IN DRESDEN

Wie wohl kein anderer Bau prägte sie, bis sie im Februar 1945 in Schutt und Asche fiel, die Silhouette der »sächsischen Serenissima« und symbolisiert heute, nach ihrer feierlichen Einweihung im Oktober 2005, höchst eindrucksvoll den Wiederaufbauwillen der Dresdner. Die Rede ist von der Frauenkirche, deren einzigartige Kuppel, die berühmte »Steinerne Glocke«, sich neuerdings wieder stolz in der Elbe spiegelt. Bereits im 11. Jahrhundert hatte sich an der Stelle eine Missionskirche »Unserer Lieben Frauen« befunden. Doch nach 700 Jahren und etlichen Umbauten hatte diese sich endgültig als zu klein und baufällig erwiesen, sodass man 1722 den Beschluss zu einem kompletten Neubau fasste. Nach den Entwürfen von Barockbaumeister George Bähr entstand über einem quadratischen Grundriss ein monumentaler, 95 Meter hoher Zentralbau mit fünf Emporen, den eine gigantische Kuppel mit 23,5 Meter Durchmesser bekrönte. Schon unmittelbar nach Kriegsende tauchte der Wunsch auf, den zur Ruine zerbombten, »wichtigsten protestantischen Sakralbau Deutschlands« zu rekonstruieren. Aber erst nach der Wende leitete eine Bürgerinitiative, finanziell unterstützt von Stadt und Landeskirche, konkrete Schritte ein. Mit großem Aufwand erstand Bährs Geniewurf gemäß den historischen Originalplänen nach und nach neu.

Impressionen von der Elbe: Schloss Pillnitz (großes Bild), Meißen mit Dom und Albrechtsburg sowie das Elbschloss Albrechtsberg (unten). Berühmt wurde Meißen für sein »weißes Gold« – Europas erstes Hartporzellan, das seit 1710 in der von August dem Starken gegründeten Meißener Manufaktur hergestellt und unter dem Signet der gekreuzten »blauen Schwerter« bis heute in alle Welt exportiert wird.

Oberes Elbetal

Weite Flussauen, Wälder, Weinberge, Parks und Gärten, dazu malerische Orte wie Pirna oder das Karl-May-Städtchen Radebeul sowie prächtige Schlösser wie Moritzburg, Seußlitz, Pillnitz oder Albrechtsburg machen das Sächsische Elbland zu einer Kulturlandschaft erster Güte. Einen Brennpunkt der Geschichte bildet Meißen. Die »Wiege Sachsens«, wo die deutschen Kaiser einst die erste Siedlung auf slawischem Boden gründeten, war im 12. Jahrhundert Residenz der Wettiner und hat über den Zweiten Weltkrieg hinweg ihr mittelalterliches Gepräge bewahrt. Über der historischen Altstadt mit Marktplatz und Fachwerkhäusern thronen nach wie vor weithin sichtbar die Repräsentanten geistiger und weltlicher Macht: der gotische Dom St. Johannes und St. Donatus sowie die Albrechtsburg, in der sich ursprünglich die Porzellanmanufaktur befand.

Großes Bild: Die Basteibrücke verbindet die gewaltigen Felstürme der Bastei. Kleines Bild unten: Eine herrliche Aussicht ins Elbetal genießt man von den Felstürmen der Bastei. Obere Bildleiste, von links: die Neurather Felswände und zwei Landschaften im Elbsandsteingebirge.

Sächsische Schweiz

Als eines der attraktivsten Ausflugsziele in Sachsen gilt die so genannte Sächsische Schweiz. 360 Quadratkilometer des Elbsandsteingebirges, das auf tschechischem Boden seine Fortsetzung hat, sind Landschaftsschutzgebiet. Um von den bizarren Felsen, die zu aberhunderten das vielfach gewundene Flusstal südöstlich von Dresden säumen, einen optimalen Eindruck zu erhalten, müsste man es an Bord eines Schiffes durchfahren. Doch auch von der Straße aus bieten sich herrliche Perspektiven über die tief zerklüfteten Tafelberge, deren zauberhafte Szenerie nicht nur Generationen romantisch gestimmter Touristen, sondern auch Richard Wagner zur Musik seines »Lohengrin« inspirierte. Einen fantastischen Blick über Fluss und Fels genießt man von der Basteibrücke, die von Burg Neurathen knapp 200 Meter weit auf eine über der Elbe »schwebende« Aussichtsplattform führt.

Ein Hort des Wissens ist die Oberlausitzische Bibliothek der Wissenschaften in Görlitz (großes Bild). Das Bild oben zeigt den Rathausplatz der im Dreiländereck mit Tschechien und Polen gelegenen Stadt Zittau. Ihr Rathaus im Stil der Neurenaissance ist ein Werk Schinkels. Rechte Bildleiste, von oben: Wiesenlandschaft bei Stolpen östlich von Dresden, das Barockkloster Marienthal an der Neiße nahe bei Görlitz, die Michaeliskirche und die Alte Wasserkunst am Spreeufer in Bautzen sowie der Blumengarten eines für die Lausitz charakteristischen Umgebindehauses.

Lausitz

Die Lausitz, der von Elbe und Oder, Spree und Neiße umflossene Landstrich nahe der polnischen Grenze, ist das Siedlungsgebiet der heute rund 60 000 Menschen umfassenden Minderheit der Sorben. Lusizen und Milzener hießen jene slawischstämmigen Menschen, die hier im Mittelalter die deutsche Ostbewegung überdauerten und deren Nachfahren ihre kulturelle und sprachliche Eigenart bis heute bewahren. Während die Niederlausitz, die mehrheitlich zu Brandenburg gehörige Region südlich von Cottbus, durch Kiefernwälder und weitflächigen Braunkohleabbau gekennzeichnet ist, trägt die Oberlausitz im Nordosten Sachsens den Beinamen »Land der 1000 Seen«. 5000 Kilometer Wanderwege durchziehen diese malerische Heide- und Teichlandschaft, von der die UNESCO einen beträchtlichen Teil zum Biosphärenreservat erklärt hat.

Automobilhistorie von Horch über Audi bis zum Trabant zeigt das Automobilmuseum in Zwickau. Untere Bildleiste: Kaufhausfassade von den Architekten Murphy/Jahn und das Industriemuseum in Chemnitz. Oben: Winter am Fichtelberg; Nussknacker, Räuchermännchen und allerlei Holzspielzeug werden schon seit 300 Jahren im Erzgebirge hergestellt.

Zwickau, Chemnitz und das Erzgebirge

Das Erzgebirge, der teils auf sächsischem, teils auf böhmischem Boden verlaufende, bis über 1200 Meter hohe Mittelgebirgszug, ist trotz sauren Regens und jahrhundertelangen intensiven Bergbaus ein über weite Strecken märchenhaftes Waldgebiet geblieben. Die ihm nördlich vorgelagerte Beckenlandschaft indes ist seit jeher für ihre Industrie berühmt. Deren Erbe ist auf vielerlei Arten präsent: Etwa im Industriemuseum in Chemnitz, das sich im 19. Jahrhundert als »Sächsisches Manchester« und »Rußchemnitz« einen Namen machte und später für 37 graue Jahre Karl-Marx-Stadt hieß; und im Automobilmuseum in Zwickau, der Heimat von rollenden Legenden wie Horch, Wanderer, DKW und Trabant. Die Gegenwart von Chemnitz spiegelt sich in der Glasfassade des von den Stararchitekten Murphy/Jahn gestalteten Kaufhauses wider.

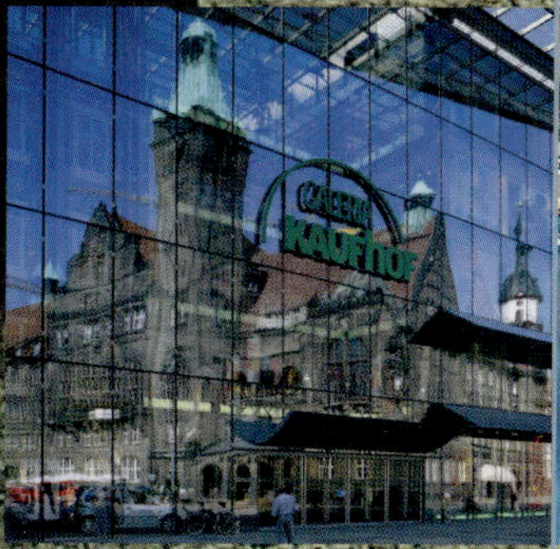

Solitude heißt Einsamkeit – ein überraschender Name für das Stuttgarter Lustschloss des Herzogs Carl Eugen von Württemberg, einem Ort glanzvoller Feste, von denen einst sogar Casanova schwärmte (kleines Bild).

Pracht und Glanz des Rokoko: 1714 bis 1781 wurde die Benediktinerabtei Wiblingen (11. Jahrhundert) bei Ulm vollständig neu gebaut. Die Bibliothek von 1744 zählt zu den eindrucksvollsten Rokoko-Bauten Deutschlands.

BADEN-WÜRTTEMBERG

Das »Ländle«, wie sich das erst 1952 aus den damaligen Bundesländern Baden, Württemberg-Baden und Württemberg-Hohenzollern entstandene neue Bundesland Baden-Württemberg nennt, ist in Wahrheit eher ein Riese von enormer Wirtschaftskraft und großer kultureller wie landschaftlicher Attraktion. Es beherbergt alte Städte, zahlreiche Burgen und Schlösser, Klöster und Kirchen. Und der Geist der Dichter und Denker weht durchs Ländle, Friedrich Schiller ist nur einer von vielen seiner großen Söhne.

Impressionen der Romantik: Heidelberg bei Nacht mit dem Brückentor und der Heiliggeistkirche (großes Bild). Obere Bildleiste: die Schlossruine, daneben das Denkmal des Perkeo, des berühmten Säuferzwergs des Kurfürsten. Im großen Bild rechts: Blick auf Heidelberg. Untere Bildleiste, von links: Karzer und die Brunnenhalle mit Friedrichsbau.

Heidelberg

Eigentlich ist Heidelberg die historische Hauptstadt der Pfalz. Nun gehört es jedoch zu Baden-Württemberg, worüber mancher Pfälzer noch heute eine stille Träne vergießt. Mit Altstadt, Schloss und Neckar ist es die Hauptstadt deutscher Romantik geblieben. Die Pfalzgrafen machten den malerischen Ort zu ihrer Residenz. Ruprecht I. gründete 1386 die Universität und begann mit dem Ausbau der Burg, die später auch als Sitz der pfälzischen Kurfürsten diente. Hier wurde Liselotte von der Pfalz geboren, die der Herzog von Orléans heiratete. Da die Franzosen aufgrund dieser Ehe später Erbansprüche stellten, kam es zum Krieg. Das Schloss wurde 1688/89 und 1693 zerstört und die pfälzischen Kurfürsten machten das nahe Mannheim zur neuen Residenzstadt. Die Romantik freilich ist in Heidelberg geblieben. Und wie man weiß, ging dort schon so manches Herz verloren.

Neckar-Idylle in der einstigen Reichsstadt Neckargemünd (großes Bild). Oben, von links: Residenzschloss in Ludwigsburg und Rokokoschlösschen Favorite. Untere Bildleiste, von links: das Fachwerkstädtchen Hirschhorn, Schloss Zwingenberg, Bad Wimpfen mit Kaiserpfalz, Tübinger Neckarufer.

Neckartal

Wenn man ihn so sanft und beruhigend dahinfließen sieht, kann man sich seinen keltischen Namen nur schwer erklären: Neckar heißt »wildes Wasser«. Gezähmt durch 27 Staustufen strömt er durchs Ländle, 367 Kilometer lang, entsprungen in den Höhen östlicher Schwarzwaldausläufer bei Villingen-Schwenningen. Er ist wie fast alle deutschen Flüsse ein wichtiger Kulturträger, an seinen Ufern wurde das Land urbar gemacht, Städte entstanden, die zu Residenzen politischer, wirtschaftlicher und geistiger Macht wurden: genannt seien etwa Stuttgart, Ludwigsburg, Heilbronn, Bad Wimpfen, Eberbach, Hirschhorn, Neckargemünd oder Heidelberg. Eine der schönsten Gründungen – und bis heute eine der Hochburgen deutschen Denkergeistes – ist Tübingen, die »Perle am Neckar«, mit seiner Universität von 1477. Ludwig Uhland wurde hier geboren, Friedrich Hölderlin starb hier.

Stuttgarter Ansichten: die Wilhelma, der Zoologisch-Botanische Garten, mit maurischem Schlösschen (oben). In der klassizistischen Staatsgalerie (großes Bild) sind Gemälde und Plastiken vom 14. bis zum 20. Jahrhundert ausgestellt. Rechte Bildleiste, von oben: das renommierte Kunstmuseum, der Brunnen auf dem Schlossplatz und der Schillerplatz mit dem Denkmal des Dichterfürsten Schiller.

Stuttgart

Die Landeshauptstadt (590 000 Einw.) hat ein ganz besonderes Flair zwischen Dynamik und Behaglichkeit, zwischen Industrie, Kultur und Genuss: Mercedes und Porsche bauen hier die weltbesten Autos, die Kunst- und Kulturszene wird europaweit gerühmt, und in der Weinstadt Stuttgart stehen 400 Hektar Reben, damit ein jeder sein »Viertele schlotze« kann. Der Stadtname kommt von Stuotgaden (= Stutengarten) und bezeichnet ein Gestüt, das im 10. Jahrhundert dem Alemannenherzog Liutolf gehörte. Im 14. Jahrhundert wurde Stuttgart Residenzstadt, zunächst der Württemberger Grafen, später der Herzöge. Von 1805 bis 1918 war die Stadt Hauptstadt des Königreichs Württemberg. Heutzutage ist sie aufgestiegen zur Zentrale des weltbekannten Konzerns Daimler-Chrysler. Und beim Volksfest Cannstatter Wasen ist sie Zentrum schwäbischer Ausgelassenheit.

Wie eine Burg thront in Breisach das mächtige, dreitürmige Münster St. Stephan (12.–14. Jahrhundert) auf einem Hügel über dem Rhein (großes Bild). Bild unten: Rheinauen in Taubergiessen. Oben: Im Inneren des Rastatter Schlosses, das 1697 bis 1707 im Versailler Stil vom »Türkenlouis«, dem Markgrafen Ludwig Wilhelm, gebaut wurde. Daneben: das dreiflügelige Karlsruher Residenzschloss mit seinem weitläufigen Park.

Oberrhein

Baden – das ist auch die dunstige Weite der oberrheinischen Ebene, begrenzt im Osten vom Schwarzwald und im Westen von den Vogesen. Es ist ein uraltes Durchgangsgebiet – von Kelten, Römern, Alemannen, Burgundern oder Franken. Mehrere hundert Jahre dauerte dieser Streit: Ist der Rhein wirklich die Grenze zwischen Baden (also Deutschland) und Frankreich – und wie deutsch oder wie französisch das benachbarte Elsass? Im Schatten dieser Jahrhundertprobleme entwickelten sich Städte wie Breisach (übrigens eine Römergründung: Mons Brisiacus) oder Rastatt, einst die Residenz der Markgrafen von Baden, auch Karlsruhe, das 1715 auf dem Reissbrett entstanden ist: ein fächerförmiger Stadtgrundriss um das Schloss des Markgrafen Karl Wilhelm von Baden-Durbach. Heute ist Karlsruhe Sitz des Bundesverfassungsgerichts und des Bundesgerichtshofes.

Das gotische Münster von Freiburg ist das Wahrzeichen der Stadt. Ab 1200 entstand die Kirche als Grabmal für die Familie des Zähringer Herzogs Berthold V. (Bilder unten). Obere Bildleiste, von links: Schwabentor, Colombi-Schlösschen und die Fassade des gotischen Kaufhauses am Münsterplatz.

Freiburg im Breisgau

Wie ein Ausrufezeichen ragt der 116 Meter hohe gotische Turm des Freiburger Münsters weit über die Universitätsstadt hinaus. Sogar von den Vogesen ist er zu erkennen – eine Konkurrenz zu Straßburg. Der klare, elegante bis verspielt filigrane Baustil der Kathedrale muss auf die Mentalität der Freiburger abgefärbt haben. Hier wird das Leben genossen, die Kunst und der Wein allemal. Die Zähringer Herzöge haben die Stadt, die sich in Folge zu einem bedeutenden kulturellen Zentrum entwickelte, im Jahre 1120 gegründet. Im Bombenhagel des Zweiten Weltkriegs ging die prächtige Altstadt in Flammen auf, wurde aber danach restauriert. Übrigens gehörte Freiburg die meiste Zeit seiner Geschichte – von 1368 bis 1806 – zum Hause Habsburg, also zu Österreich. Mag sein, dass diese Zeit die gemütvollere Gangart geprägt hat – auf gut badisch: »Numme nit hudle«!

Großes Bild: Weit fällt der Blick bei Ebringen südwestlich von Freiburg im Breisgau über die Weinberge auf die oberrheinische Tiefebene. Unten rechts: Über dem malerischen Dorf Ortenberg erhebt sich in den Weinbergen die gleichnamige Burg aus dem 13. Jahrhundert, die im 19. Jahrhundert im neuromanischen Stil umgebaut wurde und heute als Jugendherberge fungiert. Daneben: das idyllische Ettenheim in der südlichen Ortenau mit der Barockkirche St. Bartholomäus. Oben: Burg Rötteln im Markgräfler Land bei Lörrach unweit der Schweizer Grenze.

BADISCHE WEINSTRASSE

»Badens Wein – von der Sonne verwöhnt«, jeder kennt diesen Werbespruch der badischen Winzergenossenschaft. Es ist ja auch was dran. In Baden werden im Sommer die höchsten Temperaturen Deutschlands gemessen; der Frühling kommt früher als woanders, und der goldene Herbst geht oft bis weit in den November hinein: eine Region wie geschaffen für Wein und Genießer. In Baden-Württemberg wird in fast allen Landesteilen Wein angebaut. Im Neckar- und Remstal und deren Ausläufern, im Norden im Taubertal, am Bodensee, vor allem aber am Rhein, das heißt: an den Westhängen des Schwarzwalds, im Kraichgau und an der Badischen Bergstraße. Und durch die schönsten Teile des Anbaugebiets Baden (rund 16 000 Hektar Rebfläche) schlängelt sich die Badische Weinstraße. Sie ist 160 Kilometer lang, beginnt in Baden-Baden und führt in Richtung Süden durch die malerische Ortenau, durch den Breisgau, an Kaiserstuhl und Tuniberg vorbei ins verträumt geschwungene Markgräflerland, der deutschen Toskana. Viele hübsche Dörfer und Städte liegen auf diesem Weg, und viele wundervolle Weine: spritzige Rieslinge und edle Gewürztraminer, gehaltvolle Weiß- und Grauburgunder, charaktervolle Spätburgunder und süffige Gutedel, die Spezialität aus dem Markgräflerland – eine Genussreise im wahrsten Sinn des Wortes.

Die Hexenlochmühle bei St. Märgen (großes Bild). Rechte Bildleiste: Gipfel der Hornisgrinde, Wasserfälle bei Bad Rippoldsau-Schapbach, Schwarzwaldhaus im Gutachtal, Bach an der Hexenlochmühle. Untere Bildleiste: Oldtimer in Baden-Baden, Wandelgang in der Trinkhalle, Laubengang im Rosengarten. Oben: das Zisterzienserkloster in Maulbronn mit Brunnenhaus und Fresken.

Nördlicher und Mittlerer Schwarzwald

»Herrgottsapotheke« – so nennen die Einheimischen gern ihre Heimat, den Nördlichen bis Mittleren Schwarzwald. Sie könnten genauso gut »Märchenland« sagen, oder »Schlemmerland«. Alles trifft zu. Die Höhenluft und zahlreiche Thermalquellen sind der Gesundheit dienlich. In den verwunschenen Tälern und Dörfern geistert noch so manche Gestalt aus den Märchen von Wilhelm Hauff durch die Fantasie. Und Schlemmerland? Was für eine Frage! Nirgendwo sonst in Deutschland isst man so gut, herzhaft, aber auch delikat wie in diesem Teil des Schwarzwalds, über dem auch tagsüber ein (Michelin-) Sternenhimmel steht. Damit wären wir auch schon in Baden-Baden, einer Stadt, die sich, wie der Name schon sagt, der Wellness verschrieben hat, in der allerdings auch lässliche Sündenfälle unwiderstehlich locken: das Glücksspiel (im Casino) und der Wein (überall).

Obere Bildleiste, von links: Laufenburg und Fridolinsmünster in Bad Säckingen. Rechte Bildleiste, von oben: Blick vom Hohen Belchen, der Feldsee vom Feldberg aus, eine Alm am Gaisberg und die Lotenbachklamm, eine Nebenschlucht der Wutachschlucht (auch großes Bild).

Südschwarzwald und Hochrhein

Wo der Wald besonders schwarz wird und etliche Berge über 1000 Meter hoch sind – da liegt der Südliche bzw. der Hochschwarzwald. Er ist Heimat würzig duftender Tannenwälder, von Hochtälern, vereinzelten Seen, Wildbächen, mehr oder minder einsamen Bauerngehöften – und der Schwarzwälder Kirschtorte. Hier liegen Wintersportorte wie Hinterzarten und Klöster wie die Benediktinerabtei St. Blasien. Hin und wieder begegnet man einem kleinen oder größeren Naturereignis wie dem so genannten »Grand Canyon des Schwarzwalds«, der Wutachschlucht. Oder man rastet in der Gipfelstille des Hohen Belchen (1414 m) oder des Feldbergs (1493 m), wo auch Gämsen grasen. Weiter südlich, am unteren Rand des Hotzenwalds, bildet der Hochrhein mit romantischen Orten wie Bad Säckingen, Laufenburg und der Doppelstadt Waldshut-Tiengen die Grenze zur Schweiz.

Karg und charaktervoll: die Landschaft der Schwäbischen Alb mit dem Donaudurchbruch (großes Bild). Rechte Bildleiste, von oben: Schloss Lichtenstein über dem Echaztal, Wasserfall bei Bad Urach, die Hammerschmiede am Blautopf, einer 21 Meter tiefen Quelle, und Schloss Sigmaringen. Oben: Seltene Tiere der Alb: Der prächtige Eisvogel (links) fischt nur in kristallklaren Bächen und Flüssen. Der Uhu (Mitte) jagt in einsamen Wäldern, und die Dohle nistet oft auch in den Türmen von Burgen und Schlössern.

Schwäbische Alb und Donautal

Die Schwäbische Alb ist ein geologisch einzigartiger Mittelgebirgszug. Kreide- und Kalkformationen haben Karsthöhlen geschaffen. Oberhalb der Täler mit üppiger Natur sind die Kalkhochflächen verkarstet – es zeigt sich eine karge Heidelandschaft mit Gräsern, Kräutern und Wacholdersträuchern. Noch immer ziehen hier Schäfer mit ihren Herden durch. Das Gestein ist derart wasserdurchlässig, dass die Donau, die offiziell in einem gemauerten Becken in Donaueschingen entspringt, bei Tuttlingen teilweise im Boden verschwindet und kurz darauf als Durchbruch schroffe Höhenzüge teilt. Die Schwäbische Alb wurde bereits seit der Steinzeit besiedelt. Im Mittelalter entstanden hier einige berühmte Burgen, wie Schloss Sigmaringen, noch heute Stammsitz des Hochadelsgeschlechts der Hohenzollern, die zeitweise auch Preußen und ganz Deutschland regierten.

Blick von der Neutorbrücke auf das Ulmer Münster: Das gotische Gotteshaus (erbaut ab 1377) bestimmt das Stadtbild (großes Bild). Rechte Bildleiste, von oben: das Kircheninnere im Stil der späten Gotik. Besonders kostbar: das prachtvolle Chorgestühl (1469–1474) von Jörg Syrlin d. Ä. und Michael Erhart. Oben: die malerische Silhouette von Ulm mit der Donau und den Partrizierhäuser der Altstadt, dahinter ragt das Münster auf. Berühmt ist die Geschichte des Schneiders von Ulm, der im Jahr 1811 mit einem Fluggerät vom Münster sprang und kläglich in der Donau landete.

Ulm

»Venediger Macht, Augsburger Pracht, Nürnberger Witz, Straßburger Geschütz und Ulmer Geld regier'n die Welt«, mit diesem alten Spruch ist alles gesagt: Ulm an der Donau – der Name kommt von Hulma, das bedeutet »sumpfige Stelle« – spielte, seit 1274 Freie Reichsstadt, im späten Mittelalter eine herausragende Rolle. Ihre Lage am Schnittpunkt der wichtigen Fernhandelsstraßen machte sie zum Zentrum des Textilhandels. Von der mächtigen Stellung der Weber und Kaufleute geben heute die vorbildlich restaurierten Gebäude der Altstadt eindrucksvoll Zeugnis. Um 1500 war Ulm nach Nürnberg die zweitgrößte deutsche Stadt. Ihr monumentales, weithin sichtbares Bauwerk, das Ulmer Münster, macht die Donaustadt noch heute einzigartig. Der gotische Kirchturm, von dem der Schneider von Ulm seinen Flugversuch startete, ist mit 161,53 Meter der höchste der Welt.

Der Himmel des späten Barock: der Bibliothekssaal des Klosters von Bad Schussenried (großes Bild), Putten in Kloster Zwiefalten (unten). Oben links: Fresken im Schloss von Bad Wurzach, daneben: Fresken in der St.-Martin-Kirche von Biberach. Bildleiste rechts, von oben: Decke der Pfarrkirche in Gutenzell mit Fresken von Johann Georg Dieffenbrunner, Decke der Pfarrkirche St. Martin in Biberach und Decke der Stifts- und Pfarrkirche in Bad Buchau.

Oberschwaben

Man mag den (Ober)Schwaben noch so sehr Sparsamkeit bis zum Geiz nachsagen – bei ihren Kirchen schöpften sie aus dem Vollen. Und so wird Oberschwaben (das südliche Württemberg bis zum Bodensee) mit Barock gleichgesetzt. Das lag zum einen am Wohlstand der Pfarreien und Klöster, zum anderen war der Barock ein Propagandamittel der katholischen Kirche gegen die protestantische Konkurrenz, ein Werbefeldzug der Gegenreformation. Mit dem farbenfreudigen bis sinnlichen Barock-Stil sollten die Menschen wieder zum »rechten« Glauben zurückgelockt werden. Die Nachwelt verdankt diesem Kalkül der Kirche eine Vielzahl von sakralen Kunstwerken, wie das Kloster und die Kirche von Zwiefalten, das Kloster Schussenried oder das Wallfahrtsgotteshaus von Steinhausen. Letzteres gilt als schönste Dorfkirche der Welt – falls es da überhaupt Vergleiche geben sollte.

Gesichter der alemannischen Fasnacht: Oben: Schrättele-Maske in Bad Waldsee, daneben zwei Fasnetsmasken in Schramberg. Großes Bild: der Narrensprung von Rottweil am Rosenmontag und Fasnachtsdienstag. Um acht Uhr morgens beginnt das Spektakel mit über 1000 Narren. Bildleiste unten: Narrenmasken in Rottweil und Elzach.

FASNACHT

Eigentlich heißt es »Fasnet«, keinesfalls aber Fastnacht, Fasching oder gar Karneval, wenn von der schwäbisch-alemannischen Fasnacht die Rede ist. Im Gegensatz zum Narrentreiben in Mainz, Köln oder Düsseldorf, das als eine Art Protest gegen die französische Besatzung unter Napoleon entstand, ist die Fasnet heidnischen Ursprungs. Volkskundler glauben, dass sie auf vorchristliche Vegetationskulte zurückgeht, die wachstumsfeindliche Dämonen abwehren und die guten Geister des Frühjahrs anlocken sollten. So richtig lustig sehen denn auch die meisten Masken und Kostüme nicht aus, sondern eher zum Fürchten. Das Narrentreiben hat ein strenges Ritual, über das die Narrenzünfte wachen. Unabdingbar sind das Narrenkleid (Häs) und die Gesichtsmaske (Scheme). Furchterregend kommen auch die Hexen mit bitterböser Maskenmimik und langem Besenstil daher. Andere Narren schlagen (schnellen) mit überlangen Peitschen (Karbatschen) oder machen mit hölzernen Ratschen und Klappern sowie Metallschellen einen ohrenbetäubenden Krach. Fast jedes Städtchen Badens und Oberschwabens hat ein eigenes Narrentreiben, das Traditionellste dürfte in Rottweil sein. Da dabei auch reichlich Alkohol fließt, kommt auch die Fasnachtsliebe nicht zu kurz. Hinter den Masken wird auf Teufel komm raus geflirtet.

Malerische Aussichten: Die Burg von Meersburg mit Blick auf den See. Hier lebte und starb die Dichterin Annette von Droste-Hülshoff (großes Bild). Rechts: Barock in Weinreben – die Wallfahrtskirche Birnau und ihr prachtvoller barocker Innenraum. Bildleiste unten, von oben: die romanische Stiftskirche St. Georg, eines der Wahrzeichen der Klosterinsel Reichenau, Rekonstruktion der 4000-jährigen Pfahlbauten in Unteruhldingen, das zauberhafte Schloss Montfort in Langenargen.

Bodensee

Das »Schwäbische Meer« zunächst in Zahlen: Länge (Ludwigshafen bis Bregenz): 64 Kilometer, größte Breite (Friedrichshafen bis Romanshorn): 14 Kilometer, größte Tiefe (im Obersee): 250 Meter, Fläche: 540 Quadratkilometer, Umfang: 255 Kilometer, Inhalt: 55 Milliarden Kubikmeter Wasser. Ansonsten ist das Gewässer eine Angelegenheit von Poeten und Romantikern, die über den See ins Schwärmen geraten: Über das Ensemble von Wasser, pittoresken Städten, Alpenlandschaft, seidiger Luft und einem weiten blauen Himmel bei schönem Wetter. Dann hat man das untrügliche Gefühl: Hier beginnt der Süden. Bei schlechtem Wetter inspiriert eine gewisse Rätselhaftigkeit die Fantasie. Der Bodensee ist ein Luxus für jeden Tag. Und das macht ihn seit gut 4000 Jahren so begehrt, von den ersten Pfahlbau-Siedlern bis zu Martin Walser, der in Wasserburg seine Dichterklause betreibt.

Die Harmonie des Barock – das ist Schloss Nymphenburg in München. Bayerns Kurfürst Ferdinand Maria ließ es Mitte des 17. Jahrhunderts anlässlich der Geburt des Thronfolgers Max Emanuel errichten.

Kloster Seeon im Chiemgau vereinigt die unterschiedlichsten Stile: Barocke Baumeister setzten den romanischen Türmen die Zwiebelhauben auf, im Inneren lässt sich Gotisches bewundern (großes Bild).

BAYERN

Der Freistaat weist Landschaftbilder auf, wie man sie sonst in Deutschland nicht findet – von Flusslandschaften wie an Main und Donau bis zum alpinen Hochgebirge wie bei Garmisch-Partenkirchen oder Berchtesgaden. Zahlreiche sehenswerte Schlösser, Burgen, Klöster und Kirchen zeugen aber auch von seiner kulturellen und politischen Geschichte. Die Bayern gelten als urwüchsig und traditionsverbunden und haben sich wohl auch deshalb ein ausgeprägtes Bewusstsein ethnischer und staatlicher Eigenständigkeit bewahrt.

Weindorf Escherndorf hoch über dem Main (großes Bild). Untere Bildleiste, von links: Wallfahrtskirche St. Maria bei Volkach, Altarraum von St. Bartholomäus in Volkach. Obere Bildleiste, von links: Wasserschloss Mespelbrunn im Spessart, Renaissanceschloss Johannisburg in Aschaffenburg.

Spessart, Mainfranken

Der Main bildet die historische und wirtschaftliche Lebensader von Mainfranken und Spessart. Zwischen dem westlichen Spessart und dem östlichen Steigerwald windet sich der Fluss an steilen, oft weinbewachsenen Hängen entlang und kommt später durch immer offenere Talungen. Er schafft eine uralte Kulturlandschaft von ganz besonderem Reiz, was vor allem die Weinliebhaber bestätigen werden: Hier ist die Heimat des »Bocksbeutel«, wie die bauchigen Flaschen mit Frankenwein genannt werden. Einen Besuch in einem der reizenden Weindörfer am Main sollte man deshalb mit einer entsprechenden Verkostung verbinden. Zum Vermächtnis der Region gehören aber auch bedeutende Künstler wie Tilmann Riemenschneider und Johann Balthasar Neumann, die hier arbeiteten und deren Werke etwa in Volkach oder Würzburg bewundert werden können.

Die fast südländischen Silhouetten des Doms St. Kilian, vom Neumünster und der Marienkapelle bestimmen das Stadtbild. Die auf das Jahr 1133 zurückgehende spätgotische Alte Mainbrücke wurde im 18. Jahrhundert mit zwölf überlebensgroßen Heiligenfiguren versehen. Wer nach unten steigt, wird reich belohnt – etwa im alten Weinkeller des Juliusspitals (unten rechts).

Würzburg

Die Universitätsstadt am Main, in schönster Lage am Fuße der Festung Marienberg und der städtischen Weinlagen, hat trotz der fast völligen Zerstörung im Zweiten Weltkrieg heute wieder eine liebenswerte Altstadt. Sie erstreckt sich rund um den Marktplatz mit der spätgotischen Marienkapelle und dem Haus zum Falken mit seinem reichen Rokokostuck. Manch Schönes liegt im Verborgenen, so auch das Lusamgärtlein hinter dem barokken Neumünster, in dem der Minnesänger Walther von der Vogelweide begraben liegt. Höhepunkt eines Würzburgbesuchs ist aber die prachtvolle Residenz (1720), ein Meisterwerk des Barock und seit 1981 UNESCO-Weltkulturerbe, erbaut von den Architekten Lukas von Hildebrandt und Johann Balthasar Neumann. Sie beherbergt auch das grandiose Treppenhaus mit dem von Giambattista Tiepolo geschaffenen Deckengemälde.

Die Würzburger Residenz ist ein Bau der Superlative. Putten und Stuckmarmor schmücken den prachtvollen Innenraum der Hofkirche (großes Bild). Weitere Höhepunkte im Inneren der Residenz sind das Selbstbildnis Tiepolos im Deckengemälde des Treppenhauses, in das man im Bild darunter blickt, die Hofkirche aus anderer Perspektive, das Spiegelkabinett und der Grüne Salon (rechte Bildleiste, von oben). Daneben: Am Gesims des Deckenbildes im Treppenhaus ließ sich Balthasar Neumann in der Uniform eines Obersten verewigen. Oben: die Gartenseite der Residenz.

WÜRZBURGER RESIDENZ

Der historische Sitz der Würzburger Fürstbischöfe von Schönborn ist ein herausragendes Werk des Spätbarock. Von der Bedeutung her gesehen steht das Schloss in einer Reihe mit Versailles und der Habsburger Residenz Schönbrunn in Wien. 1981 hat die UNESCO das Bauwerk in den Rang des Weltkulturerbes erhoben. Der Bau wurde 1720 unter Fürstbischof Johann Philipp Franz von Schönborn begonnen, den Auftrag erhielt der damals erst 33-jährige Baumeister Johann Balthasar Neumann. Es wurde sein geniales Meisterwerk. Durch den Einfluss des Baumeisters Maximilian von Welsch und des Wiener Architekten Johann Lukas von Hildebrandt vereinen sich in der Gestaltung des Schlosses barocke Stilelemente aus ganz Europa. Im Inneren kommt dem Treppenhaus mit seinen gigantischen Ausmaßen die größte Bedeutung zu. Die dreischiffige Treppe wird überwölbt von einem wundervollen Deckenfresko, das übrigens das größte zusammenhängende der Welt ist – ein Werk des Künstlers Giambattista Tiepolo. Die einzelnen Szenen entstanden zwischen 1751 und 1753. Das Herzstück der Residenz bildet der prachtvolle Kaisersaal. Zu den weiteren Kostbarkeiten zählen das restaurierte Spiegelkabinett, der Grüne Salon sowie die Hofkirche am südwestlichen Ecktrakt – allesamt exzellente Werke des fränkischen Rokoko.

Ein fast unversehrtes historisches Stadtbild bietet Bamberg mit der Silhouette des gotischen Doms sowie des mächtigen Klosters St. Michael auf dem Michelsberg (großes Bild). Für ihr Rathaus hatten die Bamberger im 14. Jahrhundert einen ungewöhnlichen Platz gefunden: eine künstliche Insel in der Regnitz (oben). Der Bamberger Reiter (rechts) ist eine bedeutende Skulptur aus dem 13. Jahrhundert.

Bamberg

Auf sieben Hügeln liegt die über 1000 Jahre alte Kaiser- und Bischofsstadt im Tal der Regnitz. Im Gegensatz zu Nürnberg oder Würzburg wurde das einstige »caput orbis« (Haupt der Welt) im Zweiten Weltkrieg kaum beschädigt und strahlt in mancher Perspektive noch das Ambiente eines alten Stichs aus. Deshalb ist Bamberg seit 1994 Weltkulturerbe der UNESCO und mit seiner Altstadt und dem weltbekannten Symphonieorchester allemal einen Besuch wert. Es gibt viel zu sehen, so etwa das Alte Rathaus (14. Jahrhundert), das alte Fischerviertel »Klein-Venedig« und den spätromanischen Dom mit dem Bamberger Reiter. Das Kaisergrabmal im Inneren wurde 1499–1513 von Tilman Riemenschneider gestaltet, der Marienaltar von Veit Stoß. Im Westchor befindet sich das einzige Papstgrab Deutschlands (Clemens II.) und im Diözesanmuseum der kostbare Domschatz.

Eines der schönsten Barocktheater Europas ist das Markgräfliche Opernhaus in Bayreuth (großes Bild und unten). Schmuckstücke der Stadt sind auch die Eremitage, das Neue Schloss (hier eine Figur in seinem Hofgarten) und der von Apollo bekrönte Sonnentempel (obere Bildleiste, von links).

Bayreuth

Bayreuth – das ist natürlich erst mal Richard Wagner. Beide bedingen einander, seit der Komponist hier mit Hilfe seines Gönners König Ludwig II. ab 1872 sein weltberühmtes Festspielhaus errichten ließ. Alljährlich pilgert die internationale Wagner-Gemeinde zu den Festspielen mit den bedeutenden Operninszenierungen. Doch Bayreuth ist nicht nur Wagner. Markgräfin Wilhelmine, die Lieblingsschwester Friedrichs des Großen, prägte das Stadtbild im Stil des Bayreuther Rokoko. Sie erweiterte ab 1736 die Eremitage sowie das Alte Schloss, das Neue Schloss und den prächtigen Hofgarten. Auf ihre Initiative geht auch das Markgräfliche Opernhaus zurück, ein Meisterwerk des europäischen Barock. Seine Pracht veranlasste Richard Wagner, nachdem seine Pläne für ein Festspielhaus in München gescheitert waren, erst dazu, überhaupt nach Bayreuth zu kommen.

Impressionen aus dem mittelalterlichen Nürnberg: das unvergleichliche Fachwerkambiente zu Füßen der Kaiserburg am Tiergärtnertor (großes Bild). Oben: die Maxbrücke über die Pegnitz mit Weinstadl und Henkersteg. Untere Bildleiste, von links: der weltberühmte Christkindlesmarkt und die filigrane Uhr am Giebel der Nürnberger Frauenkirche.

Nürnberg

Sie lieben das Leben, die Nürnberger. Ihre schöne Stadt, ihr Bier, ihre berühmten, nur fingergroßen Bratwürste, ob vom Rost mit frischem Sauerkraut oder als »saure Zipfel«. Im Winter auf dem Christkindlesmarkt sind auch Glühwein und Nürnberger Lebkuchen begehrt. Genuss spielt in der Stadt Albrecht Dürers eine große Rolle. Das mag auch daran liegen, dass die frühere Freie Reichsstadt einst zu den wichtigsten Kunst- und Handelsmetropolen Europas zählte. Schon vom Hauptbahnhof aus erblickt man direkt die mittelalterliche Stadtbefestigung mit dem Frauentor. Die gewaltige Kaiserburg war Schauplatz vieler Reichs- und Hoftage. Imposante Gotteshäuser wie die Lorenzkirche mit dem »Englischen Gruß« von Veit Stoß oder die Sebalduskirche mit dem Sebaldusgrab von Peter Vischer sowie eindrucksvolle Bürgerhäuser zeugen von der großartigen Vergangenheit Nürnbergs.

Die Wallfahrtskirche St. Coloman vor der Kulisse der Schwangauer Berge (großes Bild). Unweit davon liegen Schloss Neuschwanstein (unten rechts) und die von Dominikus Zimmermann erbaute und von seinem Bruder Johann Baptist ausgestattete Wieskirche (oben). Ein mittelalterliches Stadtbild prägt Donauwörth mit gotischer Stadtpfarrkirche und Tanzhaus aus dem 15. Jahrhundert (rechts).

ROMANTISCHE STRASSE

Bisweilen erlebt man das Glück eines Traumbildes in natura, wenn sich Landschaft und Kultur kongenial ergänzen. Doch so selten solche Anblicke auch sein mögen – entlang der Romantischen Straße wird man von diesem Glück verwöhnt. Auf dieser Route zu reisen, bedeutet Geschichte zu atmen. Ein ganzes Jahrtausend spiegelt sich in den Städten, den Baudenkmälern und Kunstschätzen. Die Romantische Straße führt von Würzburg zunächst über das Taubertal nach Süden, vorbei an den verträumten Stadtbildern von Rothenburg, Dinkelsbühl und Nördlingen. Eingebettet in die sanfte Hügellandschaft an der Donau erheben sich die Dächer und Türme von Donauwörth. Dann weitet sich der Blick, nur noch begrenzt von der Front der Alpen im Süden. Es beginnt ein Reigen wundervoller Kirchen und Schlösser, die in der Landschaft stehen wie in einem Gemälde. Den Himmel auf die Erde geholt haben die Künstler in den Rokokokirchen des Pfaffenwinkels zwischen Schongau und Füssen: etwa in der Wallfahrtskirche St. Coloman oder der Wieskirche bei Steingaden. Die Romantische Straße endet schließlich am Fuße der Alpen in Füssen. Kurz davor erwartet den Reisenden noch ein Höhepunkt: Nur wenige hundert Meter neben der Straße erheben sich die Konturen des Märchenschlosses Neuschwanstein – einer Vision gleich.

Rothenburg ob der Tauber ist ein Kleinod spätgotischer Baukunst. Ein Platz romantischer als der andere, die Gässchen verwinkelt. Einige Kostproben bieten das Rödertor (großes Bild), die Stadtsilhouette, der Marktplatz, das Plönlein an der Schmiedgasse und das Rathaus (linke Bildleiste, von oben). Oben: In der Jakobskirche finden sich diese beiden Heiligenfiguren.

Rothenburg ob der Tauber

Rothenburg ob der Tauber – Sinnbild für deutsche Romantik schlechthin. Wenn in asiatischen Filmen Szenen aus dem europäischen Mittelalter gebraucht werden, zeigt man Rothenburg. Dass sein mittelalterliches Flair bis heute fast ohne Schäden erhalten geblieben ist, pries der Maler Ludwig Richter als »Märchen einer Stadt«. Das einzigartige Stadtbild mit den roten Dächern, Türmen und Türmchen, dem Rathaus, einem weitläufigen Marktplatz, Brunnen, Stadttoren, Kirchen, viel Fachwerk und der zwei Kilometer langen Stadtmauer versetzt den Besucher in eine andere Zeit. Wem das noch nicht genug ist, kann die Reise ins Mittelalter in einigen Museen vertiefen, etwa im Reichsmuseum, wo der »Meistertrunk-Humpen« aus dem Dreißigjährigen Krieg ausgestellt ist, oder im Mittelalterlichen Kriminalmuseum, wo die dunkleren Seiten des Mittelalters veranschaulicht werden.

Der Rundbau der Befreiungshalle von Kelheim mit den 34 Siegesgöttinnen stammt von Leo von Klenze (großes Bild). Der Donaudurchbruch (oben), der Innenraum und ein Detail der Rokoko-Abteikirche in Weltenburg (unten). Daneben: Der Rokoko-Saal der Bibliothek von Kloster Metten.

Niederbayern, Donautal

Niederbayern hat außergewöhnliche Sehenswürdigkeiten aufzuweisen. Zu den schönsten gehört ohne Zweifel der Donaudurchbruch bei Weltenburg, wo sich der Fluss durch hohe Kalkfelsen zwängt. Die Donau ist die wichtigste Lebensader Niederbayerns. An ihrem Lauf entstanden Städte und Klöster wie die durch ihre prachtvolle Bibliothek berühmte Benediktinerabtei Metten (766). Kloster Weltenburg (um 600) stellt die älteste Abtei Bayerns dar. Die barocke Klosterkirche ist ein Meisterwerk der Gebrüder Asam. Nur wenige Kilometer flussabwärts liegt Kelheim mit der Befreiungshalle, die 1842–1863 zur Erinnerung an die Befreiungskriege gegen Napoleon errichtet wurde, und weiter östlich die Römergründung Straubing. Die Hauptstadt Niederbayerns ist Landshut, wo alle vier Jahre das Historienspektakel der »Landshuter Hochzeit« zelebriert wird.

Ein großartiges Ensemble bildet die auf der Halbinsel zwischen Inn und Donau gelegene Altstadt von Passau (links oben). Dominiert wird sie von den Türmen und Kuppeln des Stephansdoms, der bedeutendsten Barockkirche italienischer Prägung in Deutschland. Großes Bild: Von einer westlicheren Perspektive aus fällt der Blick ebenfalls auf den Dom sowie auf die Kirche St. Paul. Im Vordergrund sind jeweils die Donaukais mit den Flusskreuzfahrtschiffen zu erkennen. Oben: Eines der ältesten Bauwerke Regensburgs ist die 310 Meter lange Steinerne Brücke, die bereits seit 1135 über die Donau führt.

Regensburg, Passau

Zwei der wohl schönsten deutschen Städte sind das mittelalterliche Regensburg mit Dom, Salzstadel, den Stadttoren und der Steinernen Brücke, sowie Passau, die »Perle des Barock«. Regensburg war erst keltische Siedlung, dann römisches Legionslager. Der hl. Bonifatius erhob Regensburg 739 zum Bischofssitz. Ab 1245 stieg die Freie Reichsstadt zur wohlhabendsten Stadt Süddeutschlands auf. Sie war Sitz der Reichstage. Auch Passau blickt auf eine 2000-jährige Geschichte zurück: Es entstand am Zusammenfluss von Donau, Inn und Ilz aus einem römischen Lager und einer Burg. 735 wurde das Bistum gegründet, das bis nach Ungarn reichte. Als Residenz des größten aller Fürstbistümer wurde Passau ein bedeutender Handelsort. Im 17. Jahrhundert berufene italienische Architekten, die u. a. den Dom umbauten, gaben der Stadt ihr heutiges, vom Barock geprägtes Gesicht.

Wo der Wildbach rauscht – die Wasserfälle der Höllbachg'spreng am Großen Falkenstein, östlich von Zwiesel (großes Bild). Die Winter sind lang im rauen Bayerwald, oft bleibt der Schnee bis zum Frühjahr liegen. Im Nationalpark Bayerischer Wald tummeln sich teils in freier Natur, teils in Gehegen Wildkatzen, Braunbären, Luchse, Wölfe, Hasen und vielerlei anderes Kleinwild (rechte Bildleiste, von oben).

Bayerischer Wald

Es ist ein mysterischer Wald, wild und voller Geheimnisse, Märchen und Sagen, mit tief verwurzelten Traditionen und alten Handwerken, die anderswo kaum mehr praktiziert werden. So kann man hier etwa noch Glasbläsern über die Schultern schauen. Den großen Reiz des Bayerischen Walds macht aber seine oft noch ursprüngliche Natur aus: Bergmischwald, Hochmoore, Granit- und Gneisfelsen, Almwiesen, Seen und Bäche bilden ein einzigartiges, schon von Adalbert Stifter beschworenes Naturensemble. Mit Erhebungen von bis zu 1457 Metern (Großer Arber) ist das Mittelgebirge auch ein Paradies für Wanderer und Skilangläufer. Im riesigen Nationalpark Bayerischer Wald ist ein faszinierender Urwald entstanden. Hier wird die Natur, selbst in den von Borkenkäfern verwüsteten Wäldern, sich selbst überlassen und bietet einen bisweilen surrealen Anblick.

Die gotisch und barock geprägte Altstadt Lindaus öffnet sich zum Seehafen mit Leuchtturm und bayerischem Löwen (großes Bild). Lindau ist die einzige bayerische Stadt am Bodensee, dessen Ufer großteils zu Baden-Württemberg, Österreich und der Schweiz gehören. Allgäuer Abendstimmung lässt sich am (künstlich gestauten) Forggensee vor der Kulisse der Tannheimer Berge bei Füssen genießen (oben). Unten: Das Rathaus von Lindau, erbaut 1422–1436.

Lindau, Ober- und Ostallgäu

Natürlich gehört das Allgäu (weitestgehend) zu Bayern – auch wenn die Sprache nicht so klingt. Die schwäbisch-alemannische Mundart deutet auf einen anderen Volksstamm hin, doch das malerische voralpine Landschaftsbild, die barocken Kirchen, die alten Städte wie Lindau, Kempten, Memmingen, Kaufbeuren oder Füssen sowie die Mentalität der Bewohner – all das weist das Allgäu als gewachsenen Teil Bayerns aus. Gemeinhin verbindet man mit dem Allgäu sattgrüne Wiesen und Almen, auf denen Kühe grasen. Und tatsächlich ist die Region auch der größte Käseproduzent Deutschlands. Von den Gipfeln des Allgäuer Hauptkamms bieten sich grandiose Ausblicke ins liebliche Vorland. Fast südländisch wirkt hingegen Lindau. Die einstige Freie Reichsstadt fiel erst 1805 an Bayern und verzaubert durch ihre einzigartige Lage auf einer Insel im Bodensee.

Spektakulär auf einem Felsen am Fuße des Ammergebirges bei Füssen liegt das »Märchenschloss« Neuschwanstein (oben). Großes Bild und unten: Den Thronsaal ließ König Ludwig II. im orientalisierenden Stil mit kobaltblauen maurischen Säulen und Bögen voller Arabesken gestalten. Daneben: »Der Märchenkönig« Ludwig II. auf einem Gemälde von Franz von Piloty.

Wenn die Morgennebel sich lichten, taucht Schloss Neuschwanstein in der Kulisse der Ostallgäuer Alpen wie eine Fata Morgana auf. Und in der Tat, die Träume des Bayern-Königs Ludwig II. waren auch Inspiration für dieses Märchenschloss, es sollte seine Gralsburg werden. Ludwig ließ das Schloss ab 1869 nach den Entwürfen des Theatermalers Christian Jank im neuromanischen Stil an Stelle der Ruine von Vorder-Hohenschwangau erbauen. Vorbild war die Wartburg bei Eisenach in Thüringen – Schauplatz der Wagner-Oper »Tannhäuser«. Der Wagner hörige Monarch suchte auf seiner Fluchtburg Neuschwanstein Erlösung, wie Tannhäuser in der Oper im Venusberg. Ludwig II. beschäftigte bei der Ausstattung des Schlosses die besten Künstler und Handwerker seiner Zeit. Dabei ließ er keinesweg nur stilgetreu arbeiten. So stellen die Wandmalereien Szenen aus den Opern Richard Wagners dar, im Thronsaal ließ sich der König von arabischen Motiven inspirieren. Ludwig II. hat nur wenige Tage auf Neuschwanstein verbracht. Hier wurde er verhaftet und gestürzt, u. a. wegen der hohen Baukosten und der damit einhergehenden Verschuldung des Landes. Heute zählt Neuschwanstein zu den meistbesuchten Schlössern der Welt, der Freistaat kann Ludwig angesichts des warmen Geldregens nun dankbar sein.

Den einstigen Reichtum Augsburgs zeigt das Renaissance-Rathaus, flankiert vom Perlachturm (großes Bild). Oben: Der Goldene Saal im Rathaus mit seiner prunkvoll gestalteten Decke. Rechts: Das Schaezlerpalais mit seinem Rokokosaal, links daneben ein Standbild Jakob Fuggers.

Augsburg

Augsburg ist eine göttliche Stadt, denn sie verdankt ihre Existenz der Göttin Cisa. Dieser Gottheit hatten urschwäbische Stämme zwischen Lech und Wertach ein Heiligtum errichtet; daraus entstand die Siedlung Cisaris, aus der das römische Heerlager Augusta Vindelicorum wurde. Das geschah 14 v. Chr., dem Gründungsjahr von Augsburg, das nach Trier die zweitälteste Stadt Deutschlands ist. Seine Blüte erreichte es als bedeutender Umschlagplatz für den Handel zwischen dem Orient, Italien und Süddeutschland im 15. und 16. Jahrhundert. Untrennbar verbunden ist die Geschichte Augsburgs mit dem Namen Fugger: Diese Familie stieg zum größten Bankhaus und einer der reichsten Kaufmannsdynastien der Welt auf. Jakob Fugger der Reiche (1493–1560) und seine Nachfolger waren bedeutende Mäzene und Kunstsammler; die Stadt verdankt ihnen zahlreiche Bauten und Anlagen.

Schloss Nymphenburg, einst Sommerresidenz der Wittelsbacher (großes Bild). Oben: Die vieltürmige Skyline aus Frauenkirche, St. Peter, Rathaus, Heilig-Geist- und Theatinerkirche. Untere Bildleiste, von links: Siegestor, Feldherrnhalle, Theatinerkirche, Frauenkirche mit Rathaus und die Bavaria.

München

München ist die Landeshauptstadt von Bayern. Das Lebensgefühl sagt uns noch etwas anderes: München ist die nördlichste Stadt Italiens. Die Architektur und lebensbejahende Einstellung der Münchner sorgen für ein fast mediterranes Seelenklima. Man wohnt nicht nur in München, man genießt es. Heinrich der Löwe gilt als Gründer der Stadt, er führte eine Salzstraße über eine einträgliche Zollbrücke nahe der Klostersiedlung »bei den Mönchen«. Im 13. Jahrhundert wurde die Stadt zur Residenz der Wittelsbacher, ab 1506 zur Hauptstadt des Herzogtums, später des Königreichs Bayern. Im 19. Jahrhundert entfaltete König Ludwig I. eine rege Bautätigkeit und begründete Münchens Ruf als Stadt der Künste und Wissenschaften. All dies, verbunden mit dem blauen bayerischen Himmel und der einzigartigen Biergartenkultur, verleiht der Stadt ein unvergleichliches Flair.

Am klassizistischen Königsplatz mit den Propyläen steht die Glyptothek mit einer berühmten Antikensammlung (großes Bild). Vielfältig ist die Münchner Theater- und Museumslandschaft: Cuvilliés-und Nationaltheater (oben, von links), Plastik von Olaf Menzel in der Pinakothek der Moderne, der barberinische Faun in der Glyptothek, alte Meister in der Alten Pinakothek, Flugzeuge im Deutschen Museum, Oldtimer im BMW-Museum (links, von oben).

Wo die Lebensart zuhause ist, darf auch die Kunst nicht fehlen. Und so ist München (neben Berlin) die deutsche Metropole der schönen Künste, die auch zu königlichen Zeiten von den jeweils regierenden Wittelsbachern gefördert wurden. Die Stadt besitzt nicht nur mehrere Orchester von Weltruf – wie etwa die Münchner Philharmoniker oder das Symphonieorchester des Bayerischen Rundfunks –, sondern mit dem Nationaltheater auch eine Oper ersten Ranges. Die Theatervielfalt Münchens ist legendär. Die renommiertesten Häuser sind die Münchner Kammerspiele, das Residenztheater, das Staatstheater am Gärtnerplatz, das Prinzregententheater, das Volkstheater und das Cuvilliés-Theater in der Residenz, Deutschlands schönstes Rokoko-Theater, das 1751–1753 von Francois de Cuvilliés erbaut wurde. München ist auch Museumsstadt. Am bekannteste ist wohl das Deutsche Museum, das bedeutendste technikgeschichtliche Museum im Land. Aber auch die Alte Pinakothek, die Neue Pinakothek und die Pinakothek der Moderne haben Weltruf. Weitere bedeutende Museen der Stadt sind das Haus der Kunst mit wechselnden Ausstellungen und das Lenbach-Haus mit dem Schwerpunkt »Blauer Reiter«. Bei den Gebäuden der Neuzeit sind das Olympiastadion sowie das neue Fußballstadion »Allianz-Arena« herausragend.

Ein Erlebnis der eigenen Art ist das Münchner Oktoberfest, »Wiesn« genannt (großes Bild und unten). Obere Bildleiste, von links: Beschaulichere Tempel der Gemütlichkeit sind der Biergarten am Chinesischen Turm und das Hofbräuhaus. Dort ertönt täglich Blasmusik.

BIER UND BREZN

Wenn in München die Lebenslust so richtig überschäumt, dann hat das meist etwas mit Bier zu tun. Die Isar-Metropole gilt als berühmteste Bier-Stadt der Welt. Und weil in München ein Hofbräuhaus steht, reisen jährlich etliche Millionen Gäste aus aller Welt an. Das liegt nicht nur an den sechs großen Münchner Brauereien, sondern auch an der Tatsache, dass in München das Jahr auch in Bier-Zeiten eingeteilt wird. Da wäre z. B. die Starkbier-Zeit im Frühjahr, die Maibock-Zeit, die Biergarten-Zeit im Sommer, wenn unter den vielen Münchner Biergärten derjenige am Chinesischen Turm im Englischen Garten eine der schönsten Kontaktbörsen wird. Und endlich kommt die Hauptsaison des Biers: das Oktoberfest, das größte Volksfest der Welt. Auf der Theresienwiese wird eine richtige Stadt aufgebaut, die täglich bis zu einer halben Million »Einwohner« zählt. Mit Bierzelten, in denen bis zu 6000 Menschen mit Bier, Hendln und Brezn zwei Wochen lang feiern. Und dann gibt es noch das erwähnte Hofbräuhaus, das berühmteste Wirtshaus der Welt. Amerikaner, Australier, Italiener, Japaner und auch Münchner lieben dieses rustikale Bier-Eldorado und stoßen auf die berühmte »Gemütlichkeit« an. Das feuchtfröhliche Motto ist mittlerweile weltweit bekannt: »Oans, zwoa, gsuffa« (hochdeutsch: »eins, zwei, getrunken«).

Goldene Morgenstund: Über einem der Osterseen südlich des Starnberger Sees geht die Sonne auf (großes Bild). Im Kloster Andechs auf dem Berg über dem Ammersee lässt sich beim Doppelbock das »Andechser Gefühl« nachempfinden (oben). Untere Bildleiste, von links: Das Gedenkkreuz im Starnberger See bei Berg erinnert an König Ludwig II., der an dieser Stelle ums Leben kam. Ein Konzertabend im alten Kloster Benediktbeuren gehört zu den Genüssen, die dieser Teil Oberbayerns zu bieten hat. Die Erhabenheit der Bergwelt wird am Sylvenstein-Stausee deutlich.

Fünfseenland, Isar- und Loisachtal

Die Magie dieser Landschaft im Süden von München ist unabhängig von der Tages- und Jahreszeit. Sie ist einfach da und verzaubert die Betrachter. Eines der schönsten Erlebnisse ist ein Sonnenauf- oder -untergang an einem der Seen – das kostet nichts und ist auch mit Geld nicht zu bezahlen. Zum Fünfseenland zählen übrigens der Starnberger See, der Ammersee, der Pilsensee, der Weßlinger See und der Wörthsee.

Die Isar entspringt als wilder Bach im Karwendelgebirge, doch schon bald wird ihr schwungvoller Lauf im Sylvenstein-Stausee gebremst. Bei Wolfratshausen durchfließt sie eine ursprüngliche Landschaft, die Pupplinger Au. Die Loisach entspringt ebenfalls in Tirol. Ab dem Kochelsee fließt sie durch eine an Mooren reiche Landschaft bis zum Beurer Moos und Mondscheinfilz. Bei Wolfratshausen mündet sie in die Isar.

Großes Bild: Von der Zugspitze (mit Schneefernerhaus und Wetterstation) reicht die Sicht an klaren Tagen bis zum Böhmerwald. Obere Bildleiste, im Uhrzeigersinn: Voralpenland-Impressionen: Frühlingswiese, Karwendelgebirge mit Lautersee, Kapelle auf dem Wendelstein. Untere Bildleiste, von links: Lüftlmalerei in Unter- und Oberammergau, Bauernhaus in Bad Tölz.

Bayerische Alpen

Bayern ist das Land der Berge. Und unter Berge versteht der Bayer allgemein die Alpen, die Berge seiner Heimat. Denn Bayern ist neben Schweiz, Österreich, Frankreich Italien und dem Fürstentum Liechtenstein auch ein Alpenland. Sein Anteil am Hochgebirge ist ein von Westen nach Osten reichender etwa 400 Kilometer langer Streifen, der allerdings nur 20 Kilometer breit ist. Er ist unterteilt in Allgäuer Alpen, Ammergauer Alpen, Wettersteingebirge, Bayerische Voralpen, Karwendel, Berchtesgadener Alpen und Chiemgauer Alpen. Die höchste Erhebung und somit der höchste deutsche Berg ist mit 2962 Metern die Zugspitze. Die landschaftliche Schönheit der Berge und des malerischen Voralpenlandes mit den zahlreichen Gebirgsseen – wie etwa Königssee, Walchensee, Spitzingsee, Schliersee und Tegernsee – zieht alljährlich zehntausende von Touristen nach Bayern.

Sanft schmiegen sich die von den Eiszeiten geformten Hügel des Chiemgaus an die Ufer des Chiemsees. Noch warten die Dampfer der Weißen Flotte am Bootssteg von Gstadt am Nordufer des Sees auf ihre Gäste (großes Bild). Das Kernstück von Schloss Herrenchiemsee ist der prachtvoll ausgestattete Spiegelsaal (oben). Kaum weniger prunkvoll ist das Treppenhaus. An seiner Errichtung arbeiteten nur die besten Handwerker und Künstler ihrer Zeit (unten).

Chiemsee

Der Chiemsee ist das »Bayerische Meer«, der größte bayerische See, wenn man einmal von Bayerns Anteil am Bodensee absieht. Das Gewässer ist durch abschmelzende Gletscher entstanden. Der 80 Quadratkilometer große See ist bis zu 74 Meter tief. Seine Uferregionen sind zum Teil mit Schilf bestanden und verlanden allmählich. Auf den beiden Seeinseln Herrenchiemsee und Frauenchiemsee gründeten Mönche bzw. Nonnen bereits im 8. Jahrhundert Klöster. Eine Hauptattraktion ist das Schloss Herrenchiemsee. Es wurde ab 1878 im Auftrag von König Ludwig II. gebaut. Er wollte ein ähnlich prunkvolles Schloss wie sein großes Idol, der französische Sonnenkönig Ludwig XIV. Es entstand nur ein Mittelbau, denn für die Flügelgebäude reichte das Geld nicht mehr, und 1886 stellte man die Arbeiten gänzlich ein. Der König weilte übrigens nur ganze neun Tage in seinem »Versailles«.

Was für ein schönes Land! Großes Bild: der Hochkalter vom Taubensee aus gesehen. Rechte Bildleiste, von oben: Blick vom Jenner über den wolkenverhangenen Königsee auf den Watzmann; die Schleierfälle; das malerische Ramsau mit seiner spätgotischen Pfarrkirche. Ganz verwunschen präsentiert sich der winterliche Hintersee am Fuß der Reiter Alpe (oben).

Berchtesgadener Land

Manchmal tut Schönheit den Augen weh, etwa wenn sie die Grenze zum Kitsch überschreitet. Doch was ist Kitsch oder kitschige Schönheit? Die Natur kann nicht kitschig sein, und was wir an Anblicken im Berchtesgadener Land erleben, ist eine perfekte Komposition der Natur: Das Zusammenspiel von Bergen, Wäldern, Seen, Wolken, Himmelsfarben und der menschlichen Kultur, deren Bauwerke sich wie auf einem Gemälde in das Gesamtbild einfügen. Da gibt es den stillen fjordartigen Königsee mit seinem Wallfahrtsweiler St. Bartholomä und dem berühmten Echo, den gewaltigen Watzmann, dessen Nordwand schon so viele Opfer forderte, das Bergdorf Ramsau mit seinem hübschen Kirchlein, den altehrwürdigen Salinen- und Kurort Bad Reichenhall und den Ort Berchtesgaden im Schoß der Berge. Hier zeigt sich uns Bayern von seiner schönsten Seite.

Romanik und Gotik am Rheinufer: Der mächtige Vierungsturm von Groß St. Martin und die beiden Türme des Kölner Doms, die bei ihrer Fertigstellung 1880 mit je 156 Metern die höchsten Kirchtürme der Welt waren, überragen die umliegenden Häuser der Kölner Altstadt. Allabendlich werden sie theatralisch ins rechte Licht gerückt. Köln bietet neben Kölsch, Kirchen und Karneval viel Kunst und Kultur.

ATLAS

Geografisch teilt sich Deutschland in drei Regionen: die Norddeutsche Tiefebene, die Mittelgebirge sowie die Alpen mit ihren Ausläufern. Maximal 876 Kilometer sind es von Norden nach Süden, 640 Kilometer von Westen nach Osten: Deutschland ist – gemessen an der Fläche von 357 023 Quadratkilometern – nicht sonderlich groß. Mit 82 Millionen Einwohnern ist es jedoch eines der am dichtesten besiedelten Länder Europas. Die Bundesrepublik Deutschland ist ein Bundesstaat und besteht aus 16 teilsouveränen Ländern.

Die von Herzog & De Meuron gestaltete Allianz Arena, das neue Fußballstadion in München, ist die größte Membranhülle der Welt. 1056 (von insgesamt 2760) Kissen leuchten in den Farben Rot, Blau oder Weiß – je nachdem, wer gerade spielt.

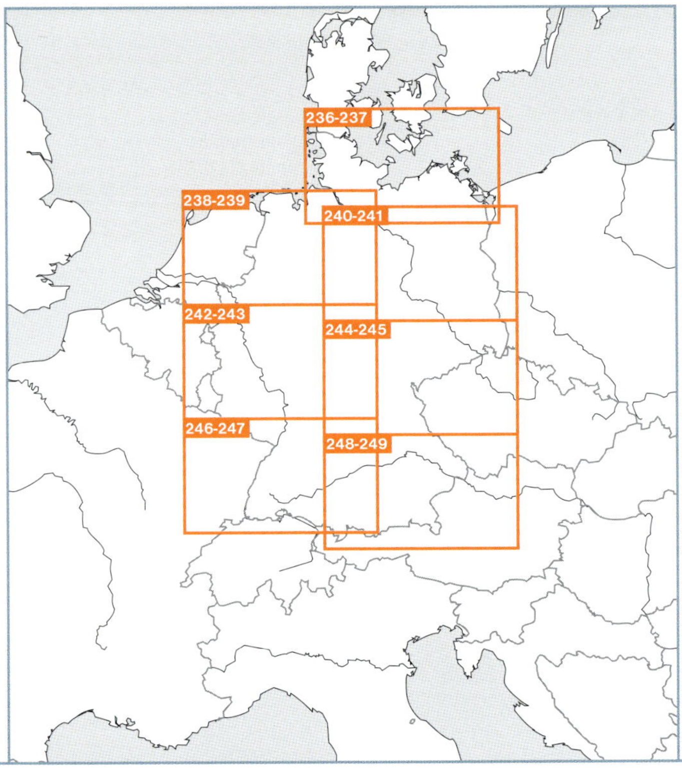

ZEICHENERKLÄRUNG ZU DEN KARTEN 1 : 950 000

- Autobahn (im Bau)
- Gebührenpflichtige Autobahn
- 4- oder mehrspurige Straße (im Bau)
- Fernstraße (im Bau)
- Wichtige Hauptstraße (im Bau)
- Hauptstraße
- Nebenstraße
- Eisenbahn
- Sperrgebiet
- National- und Naturpark
- 4 2 A22 Autobahnnummer
- E54 Europastraßennummer
- 34 28 N22 66 Andere Straßennummer
- 22 Autobahnanschlussnummer
- Anschlussstelle
- Für Wohnwagen nicht geeignet
- Für Wohnwagen verboten
- Autobahntankstelle
- Autobahnrasthaus
- Autobahnrasthaus mit Motel
- Wichtiger Flughafen
- Flughafen
- Flugplatz
- Autofähre

LEGENDE

Die Karten auf den folgenden Seiten zeigen Deutschland im Maßstab 1:950 000. Die geografischen Details werden dabei durch eine Vielzahl touristischer Informationen ergänzt. Zum einen durch das ausführlich dargestellte Verkehrsnetz, zum anderen durch Piktogramme, die Lage und Art aller wichtigen Sehenswürdigkeiten und Freizeitziele bezeichnen. Touristisch interessante Städte sind durch eine gelb hinterlegte Bezeichnung hervorgehoben. Auch die von der UNESCO zum Welterbe gezählten Monumente sind besonders gekennzeichnet.

PIKTOGRAMME

- Berühmte Autoroute
- Legendäre Bahnstrecke
- Wichtige Schiffsroute
- UNESCO-Weltnaturerbe
- Gebirgslandschaft
- Vulkan, erloschen
- Felslandschaft
- Schlucht/Canyon
- Höhle
- Flusslandschaft
- Wasserfall/Stromschnelle
- Seenlandschaft
- Nationalpark (Fauna)
- Nationalpark (Flora)
- Nationalpark (Landschaft)
- Naturpark
- Biosphärenreservat
- Küstenlandschaft
- Zoo/Safaripark
- Botanischer Garten
- Fossilienfundstätte
- Wildreservat
- Schutzgebiet für Seelöwen/Seehunde
- Insel
- Strand
- Quelle
- UNESCO-Weltkulturerbe
- Außergewöhnliche Metropole
- Vor- und Frühgeschichte
- Römische Antike
- Jüdische Kulturstätte
- Christliche Kulturstätte
- Romanische Kirche
- Gotische Kirche
- Renaissance-Kirche
- Barock-Kirche
- Christliches Kloster
- Wikinger
- Kulturlandschaft
- Burg/Festung/Wehranlage
- Palast/Schloss
- Technisches/industrielles Monument
- Mahnmal
- Spiegel- und Radioteleskop
- Historisches Stadtbild
- Imposante Skyline
- Feste und Festivals
- Museum
- Theater
- Weltausstellung
- Olympische Spiele
- Denkmal
- Grabmal
- Markt/Basar
- Kriegsschauplatz/Schlachtfeld
- Sehenswerter Leuchtturm
- Herausragende Brücke
- Freilichtmuseum
- Informationszentrum
- Bergwerk, geschlossen
- Burgruine
- Sehenswerter Turm
- Windmühle
- Herausragendes Gebäude
- Rennstrecke
- Golf
- Arena/Stadion
- Skigebiet
- Segeln
- Windsurfen
- Wellenreiten
- Kanu/Rafting
- Mineralbad/Therme
- Badeort
- Freizeitpark
- Spielcasino
- Pferdesport
- Wasserski
- Seehafen
- Berghütte/Alm
- Wandern/Wandergebiet
- Aussichtspunkt
- Bergbahn
- Freizeitbad

Maßstab 1:950 000

0 10 20 Kilometer

Berühmte Reiserouten

- Autoroute
- Bahnstrecke
- Schiffsroute

Herausragende Naturlandschaften und -monumente

- UNESCO-Weltnaturerbe
- Höhle
- Flusslandschaft
- Seenlandschaft
- Naturpark
- Nationalpark (Landschaft)
- Nationalpark (Flora)
- Nationalpark (Fauna)
- Biosphärenreservat
- Wildreservat
- Schutzgeb. für Seelöwen/Seehunde
- Zoo/Safaripark
- Botanischer Garten
- Küstenlandschaft
- Strand
- Insel

Herausragende Metropolen, Kulturmonumente und -veranstaltungen

- UNESCO-Weltkulturerbe
- Romanische Kirche
- Gotische Kirche
- Christliches Kloster
- Kulturlandschaft
- Historisches Stadtbild
- Burg/Festung/Wehranlage
- Palast/Schloss
- Technisches/industr. Monument
- Sehenswerter Leuchtturm
- Herausragende Brücke
- Windmühle
- Herausragendes Gebäude
- Museum
- Freilichtmuseum
- Informationszentrum

Sport- und Freizeitziele

- Arena/Stadion
- Segeln
- Windsurfen
- Badeort

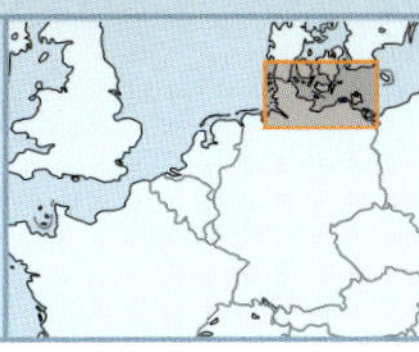

Maßstab 1:950 000

0 10 20 Kilometer

Berühmte Reiserouten

- Autoroute
- Bahnstrecke
- Schiffsroute

Herausragende Naturlandschaften und -monumente

- UNESCO-Weltnaturerbe
- Felslandschaft
- Schlucht/Canyon
- Höhle
- Flusslandschaft
- Seenlandschaft
- Naturpark
- Nationalpark (Landschaft)
- Nationalpark (Fauna)
- Wildreservat
- Schutzgeb. für Seelöwen/Seehunde
- Zoo/Safaripark
- Botanischer Garten
- Quelle
- Strand
- Insel

Herausragende Metropolen, Kulturmonumente und -veranstaltungen

- UNESCO-Weltkulturerbe
- Vor- und Frühgeschichte
- Christliche Kulturstätte
- Romanische Kirche
- Gotische Kirche
- Christliches Kloster
- Kulturlandschaft
- Historisches Stadtbild
- Burg/Festung/Wehranlage
- Burgruine
- Palast/Schloss
- Technisches/industr. Monument
- Windmühle
- Herausragendes Gebäude
- Museum
- Freilichtmuseum

Sport- und Freizeitziele

- Arena/Stadion
- Pferdesport
- Segeln
- Badeort

Maßstab 1:950 000

0 10 20 Kilometer

Berühmte Reiserouten

- Autoroute
- Bahnstrecke
- Schiffsroute

Herausragende Naturlandschaften und -monumente

- UNESCO-Weltnaturerbe
- Gebirgslandschaft
- Felslandschaft
- Höhle
- Flusslandschaft
- Seenlandschaft
- Naturpark
- Nationalpark (Landschaft)
- Nationalpark (Flora)
- Nationalpark (Fauna)
- Biosphärenreservat
- Zoo/Safaripark
- Botanischer Garten
- Quelle

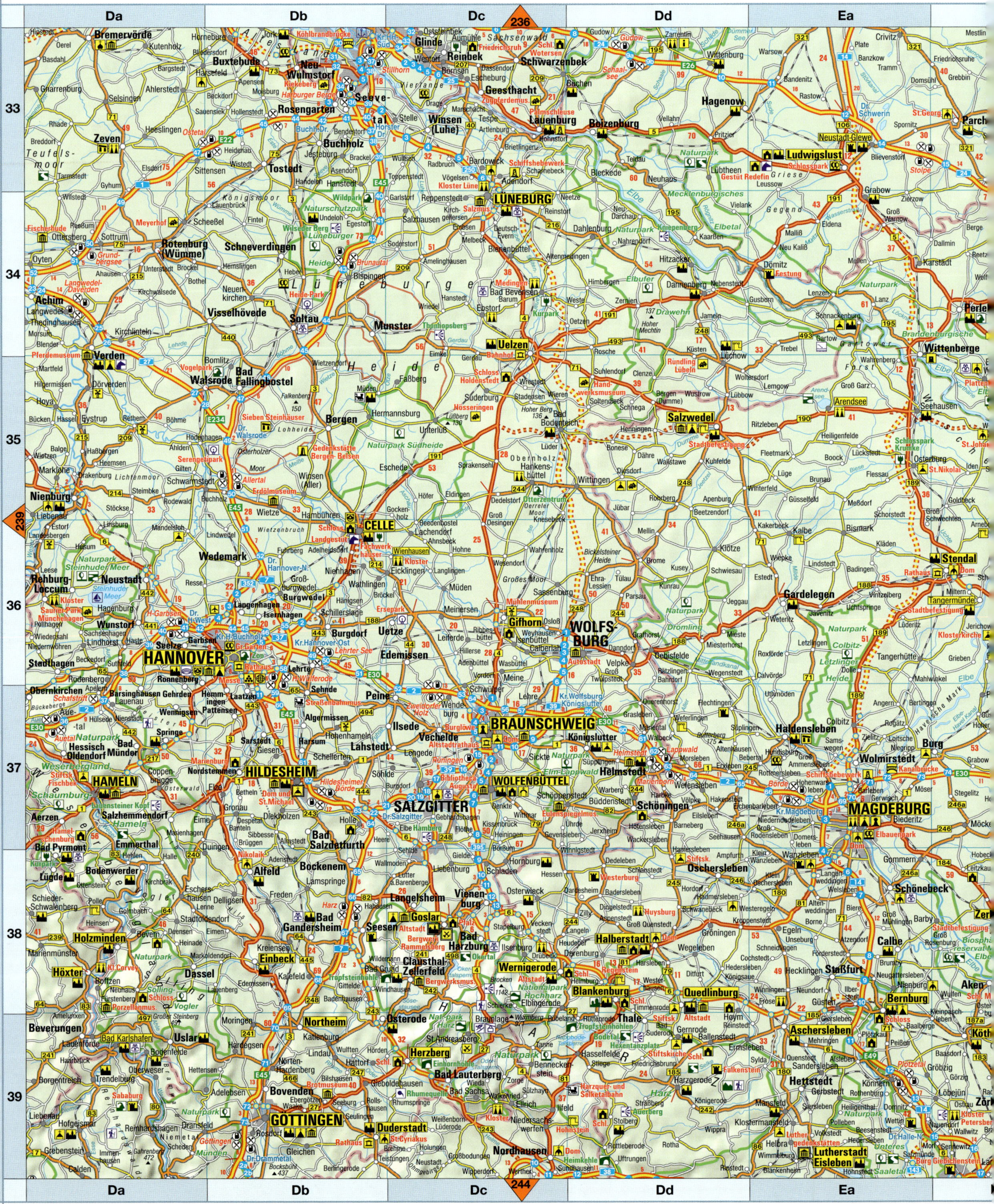

Herausragende Metropolen, Kulturmonumente und -veranstaltungen

- UNESCO-Weltkulturerbe
- Vor- und Frühgeschichte
- Christliche Kulturstätte
- Romanische Kirche
- Gotische Kirche
- Christliches Kloster
- Kulturlandschaft
- Historisches Stadtbild
- Burg/Festung/Wehranlage
- Burgruine
- Palast/Schloss
- Windmühle
- Herausragendes Gebäude
- Denkmal
- Museum
- Freilichtmuseum

Sport- und Freizeitziele

- Arena/Stadion
- Pferdesport
- Freizeitbad
- Mineralbad/Therme

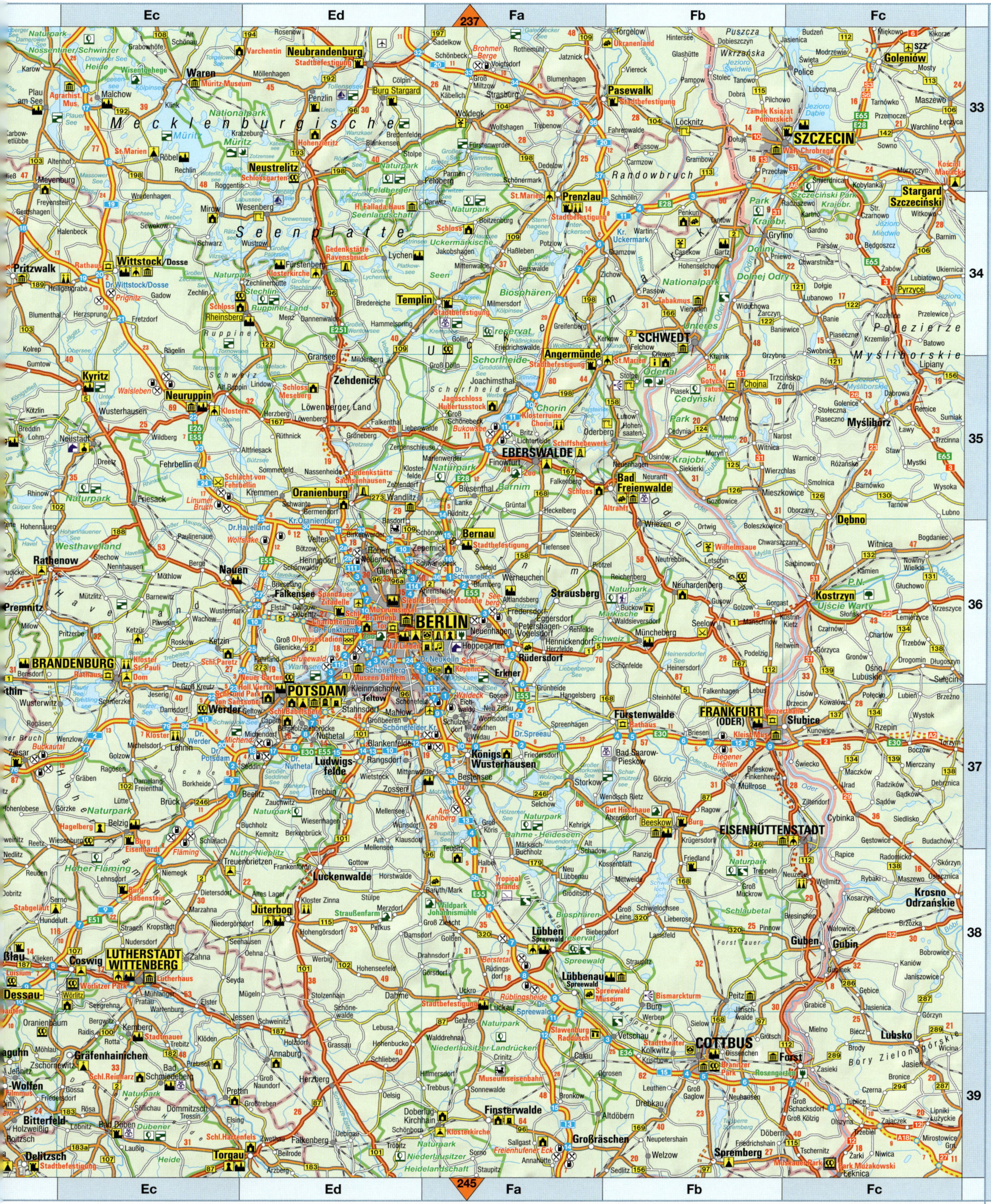

Maßstab 1:950 000

0 10 20 Kilometer

Berühmte Reiserouten

- Autoroute
- Bahnstrecke
- Schiffsroute

Herausragende Naturlandschaften und -monumente

- UNESCO-Weltnaturerbe
- Gebirgslandschaft
- Felslandschaft
- Vulkan erloschen
- Höhle
- Flusslandschaft
- Seenlandschaft
- Fossilienfundstätte
- Naturpark
- Nationalpark (Landschaft)
- Nationalpark (Flora)
- Nationalpark (Fauna)
- Biosphärenreservat
- Zoo/Safaripark
- Botanischer Garten
- Quelle

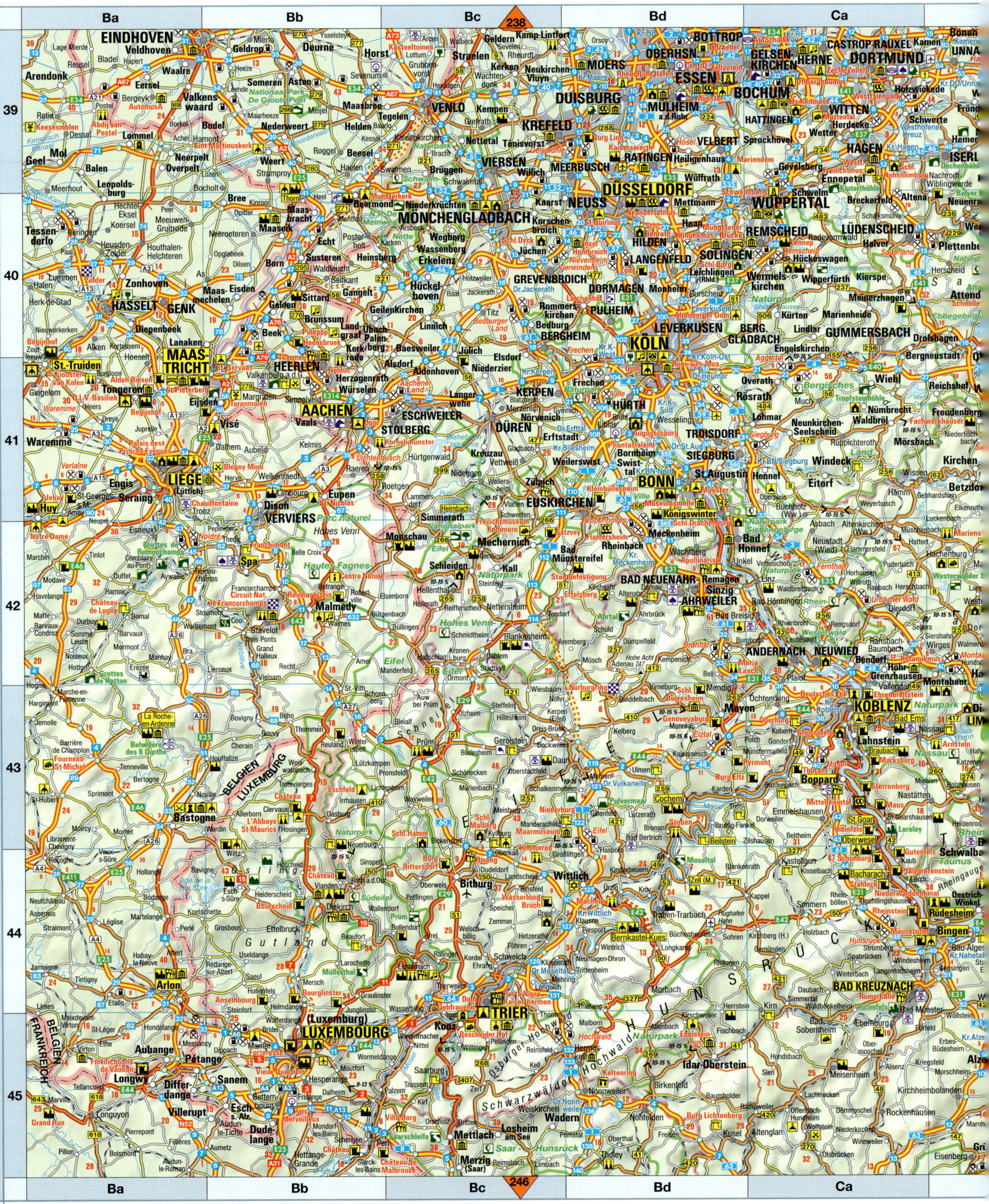

Herausragende Metropolen, Kulturmonumente und -veranstaltungen

- UNESCO-Weltkulturerbe
- Römische Antike
- Christliche Kulturstätte
- Romanische Kirche
- Gotische Kirche
- Barockkirche
- Christliches Kloster
- Kulturlandschaft
- Historisches Stadtbild
- Burg/Festung/Wehranlage
- Burgruine
- Palast/Schloss
- Bergwerk (aufgelassen)
- Museum
- Freilichtmuseum
- Theater

Sport- und Freizeitziele

- Arena/Stadion
- Rennstrecke
- Pferdesport
- Mineralbad/Therme

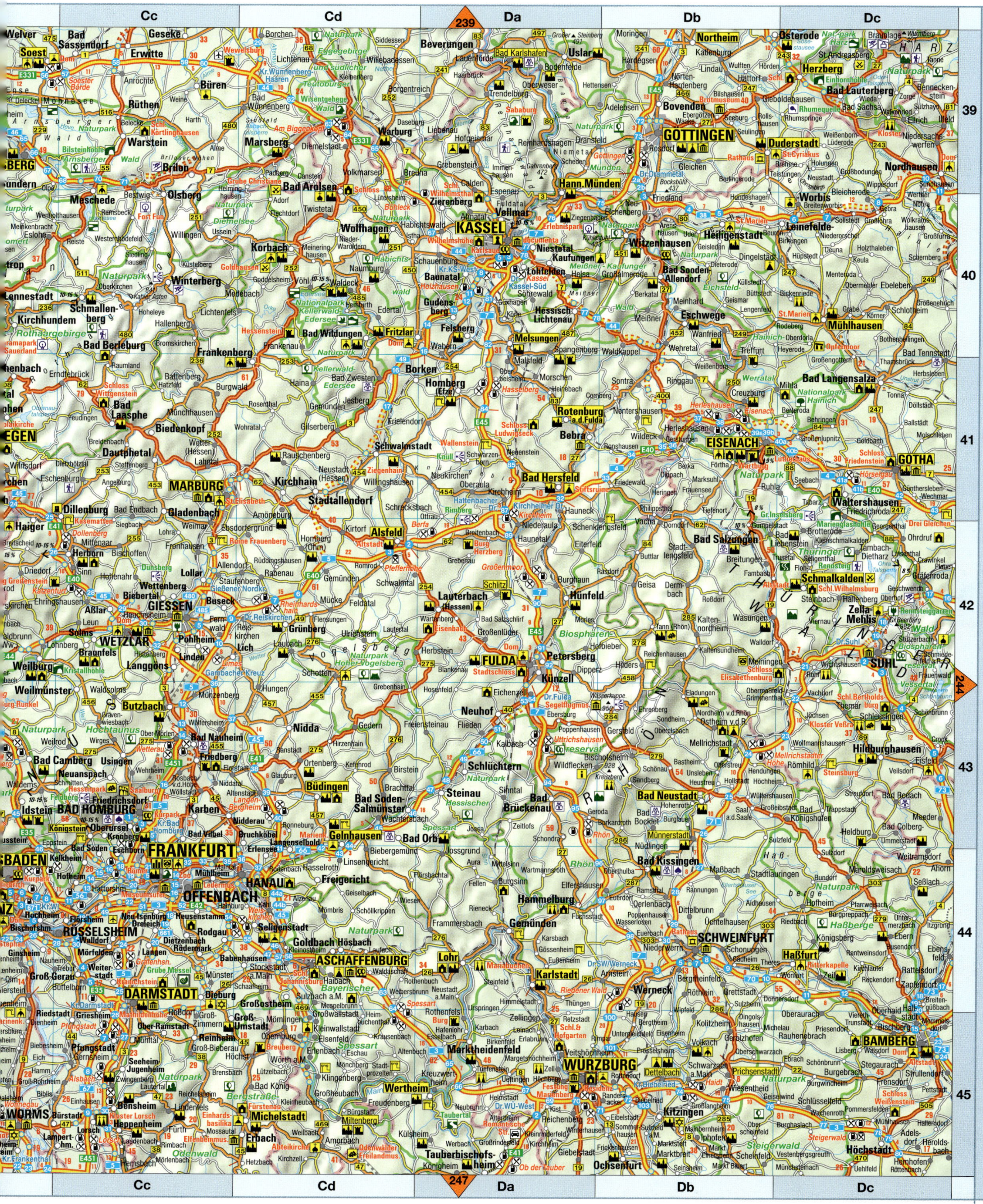

Maßstab 1:950 000

0 10 20 Kilometer

Berühmte Reiserouten

- Autoroute
- Bahnstrecke
- Schiffsroute

Herausragende Naturlandschaften und -monumente

- UNESCO-Weltnaturerbe
- Gebirgslandschaft
- Felslandschaft
- Schlucht/Canyon
- Höhle
- Flusslandschaft
- Wasserfall/Stromschnelle
- Seenlandschaft
- Naturpark
- Nationalpark (Landschaft)
- Nationalpark (Flora)
- Nationalpark (Fauna)
- Biosphärenreservat
- Wildreservat
- Quelle

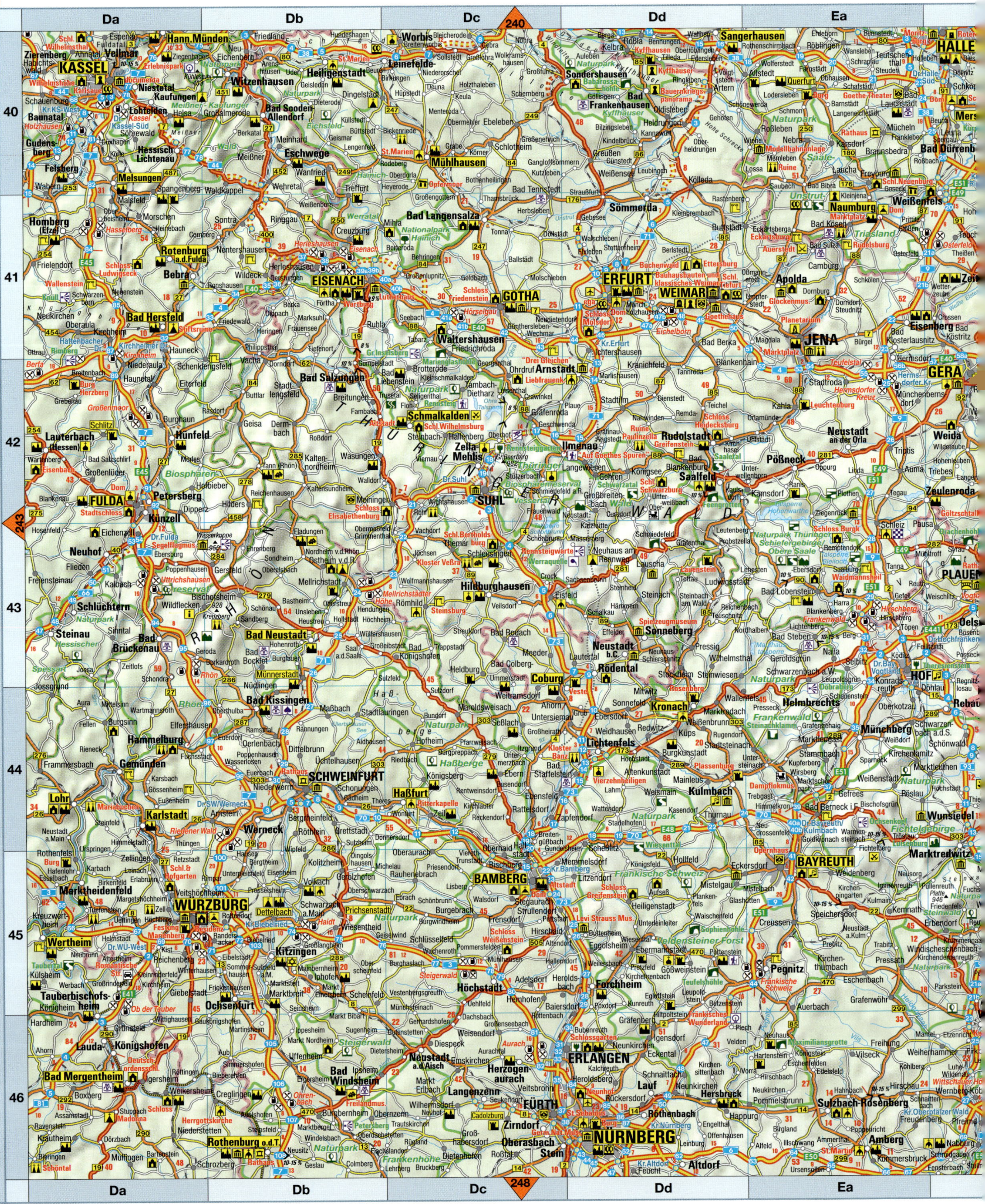

Herausragende Metropolen, Kulturmonumente und -veranstaltungen

- UNESCO-Weltkulturerbe
- Christliche Kulturstätte
- Romanische Kirche
- Gotische Kirche
- Barockkirche
- Christliches Kloster
- Kulturlandschaft
- Historisches Stadtbild
- Burg/Festung/Wehranlage
- Burgruine
- Palast/Schloss
- Bergwerk (aufgelassen)
- Denkmal
- Museum
- Freilichtmuseum
- Theater

Sport- und Freizeitziele

- Rennstrecke
- Golf
- Skigebiet
- Mineralbad/Therme

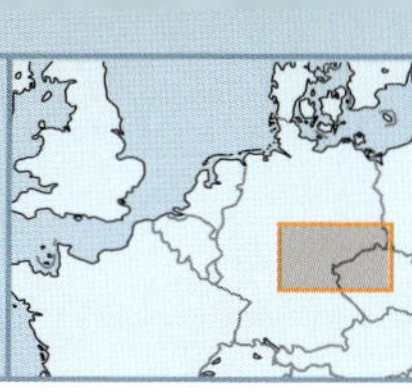

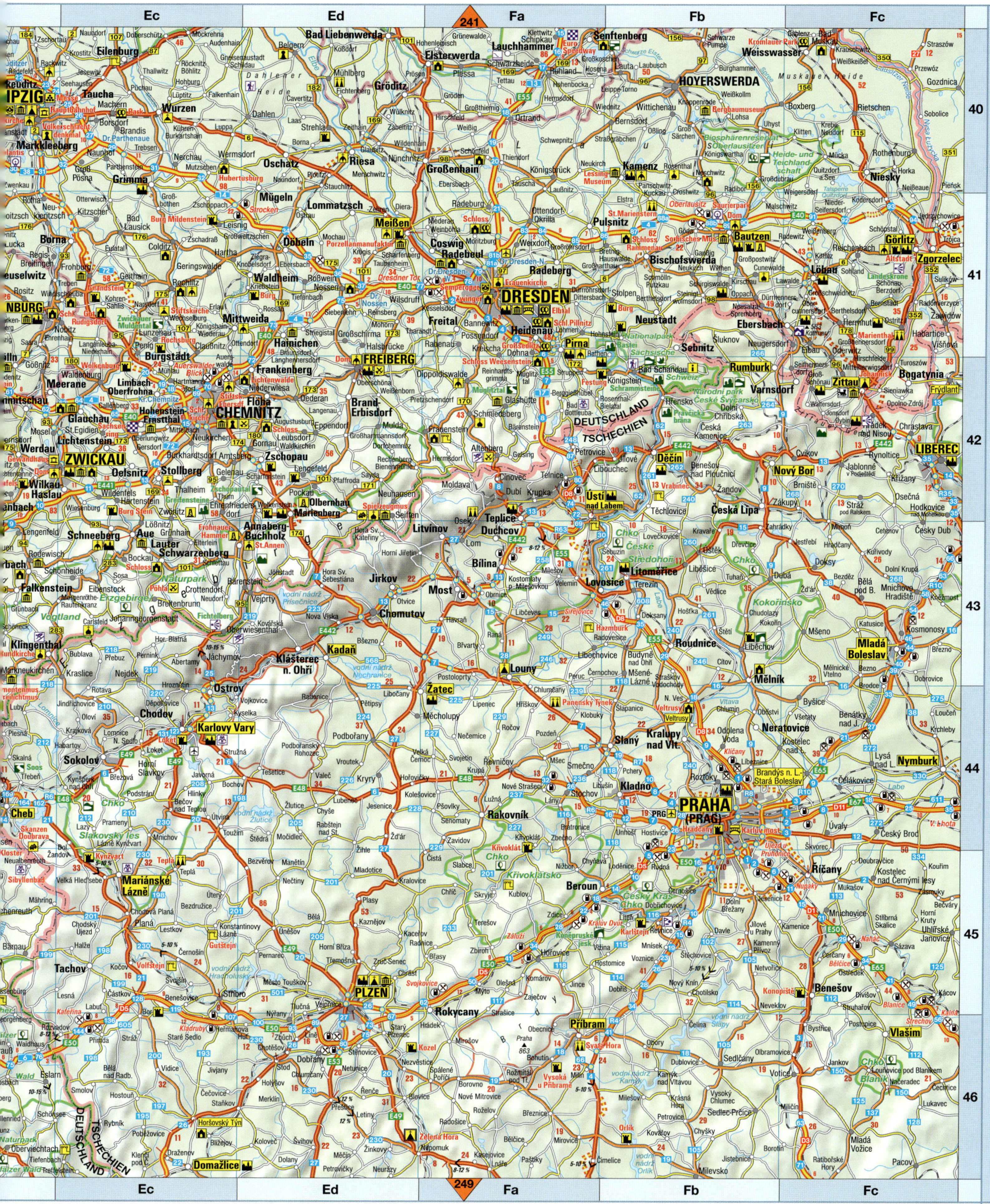

Maßstab 1:950 000

0 10 20 Kilometer

Berühmte Reiserouten

- Autoroute
- Bahnstrecke
- Schiffsroute

Herausragende Naturlandschaften und -monumente

- UNESCO-Weltnaturerbe
- Gebirgslandschaft
- Felslandschaft
- Schlucht/Canyon
- Vulkan erloschen
- Höhle
- Flusslandschaft
- Wasserfall/Stromschnelle
- Seenlandschaft
- Fossilienfundstätte
- Naturpark
- Nationalpark (Fauna)
- Biosphärenreservat
- Wildreservat
- Zoo/Safaripark
- Botanischer Garten

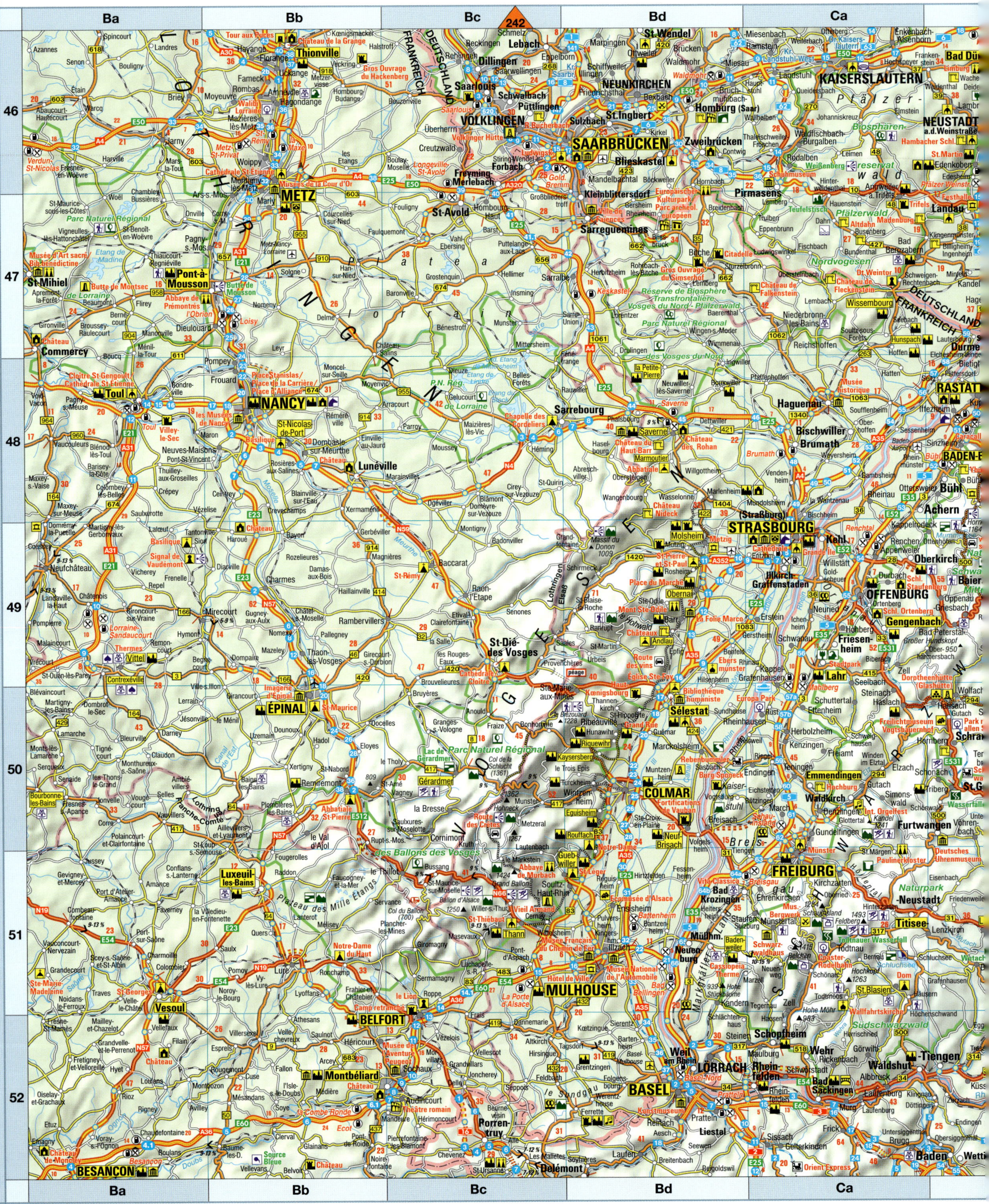

Herausragende Metropolen, Kulturmonumente und -veranstaltungen

- UNESCO-Weltkulturerbe
- Römische Antike
- Christliche Kulturstätte
- Romanische Kirche
- Gotische Kirche
- Barockkirche
- Christliches Kloster
- Kulturlandschaft
- Historisches Stadtbild
- Burg/Festung/Wehranlage
- Burgruine
- Palast/Schloss
- Feste und Festivals
- Museum
- Freilichtmuseum
- Theater

Sport- und Freizeitziele

- Rennstrecke
- Pferdesport
- Skigebiet
- Freizeitpark

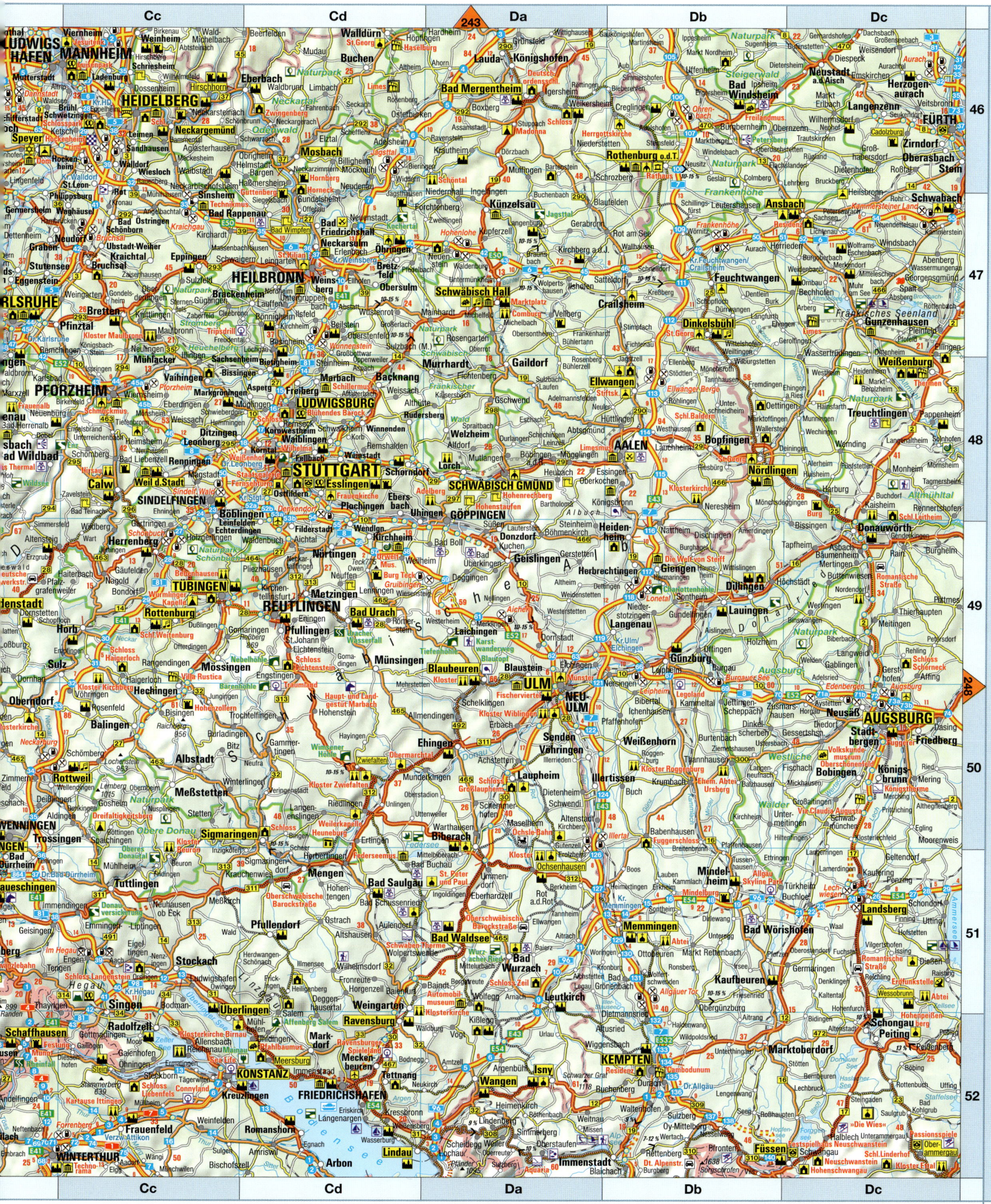

Maßstab 1:950 000

0 10 20 Kilometer

Berühmte Reiserouten

- Autoroute
- Bahnstrecke
- Schiffsroute

Herausragende Naturlandschaften und -monumente

- UNESCO-Weltnaturerbe
- Gebirgslandschaft
- Felslandschaft
- Schlucht/Canyon
- Höhle
- Flusslandschaft
- Wasserfall/Stromschnelle
- Seenlandschaft
- Fossilienfundstätte
- Naturpark
- Nationalpark (Landschaft)
- Nationalpark (Flora)
- Nationalpark (Fauna)
- Quelle

Herausragende Metropolen, Kulturmonumente und -veranstaltungen

- UNESCO-Weltkulturerbe
- Römische Antike
- Christliche Kulturstätte
- Gotische Kirche
- Barockkirche
- Christliches Kloster
- Kulturlandschaft
- Historisches Stadtbild
- Burg/Festung/Wehranlage
- Burgruine
- Palast/Schloss
- Technisches/industr. Monument
- Museum
- Freilichtmuseum
- Theater
- Olympische Spiele

Sport- und Freizeitziele

- Arena/Stadion
- Golf
- Mineralbad/Therme
- Freizeitpark

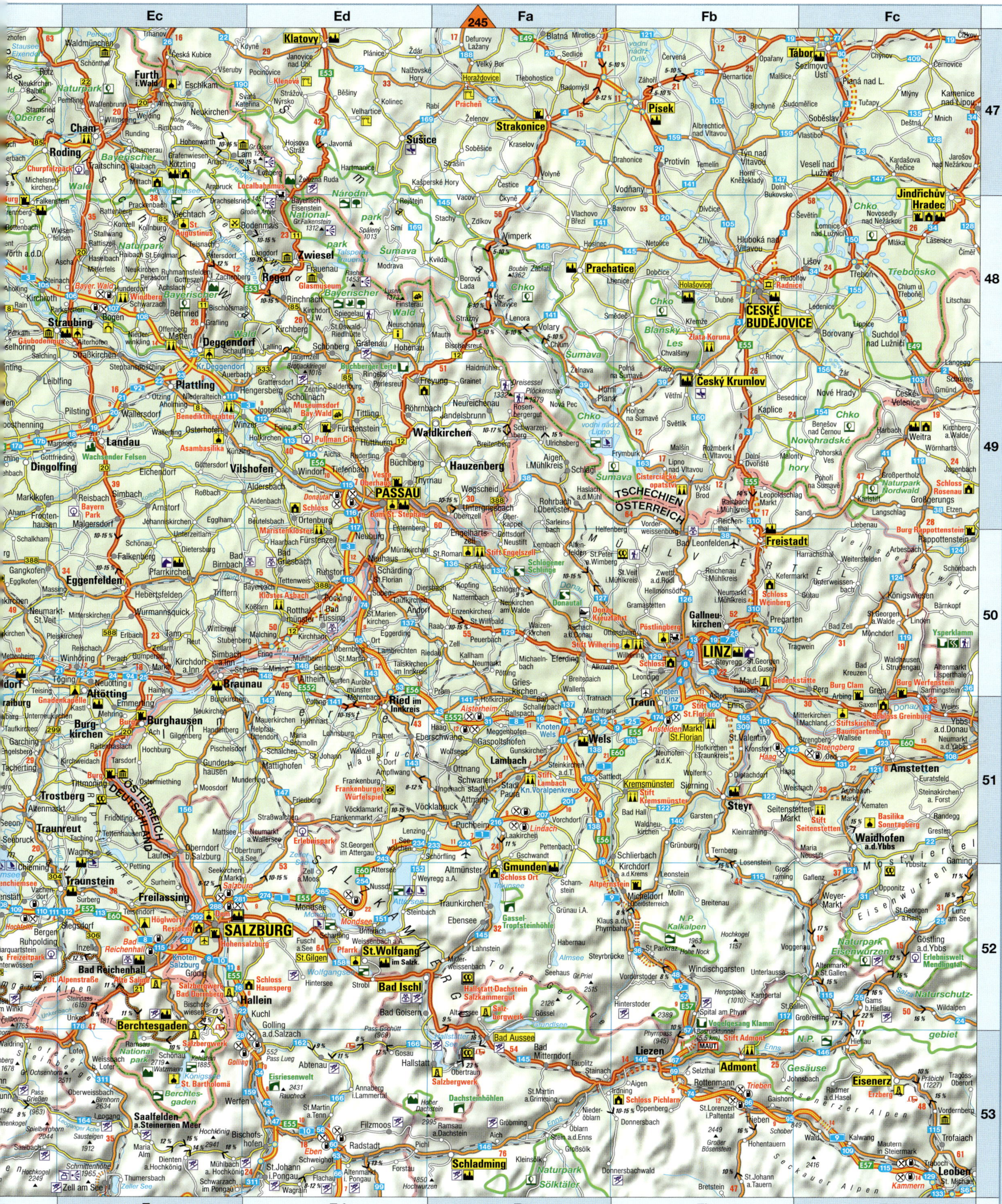

Die Registereinträge beziehen sich auf den Bildteil und auf die Karten. Nach dem Stichwort folgt, entsprechend dem Karteneintrag, ein Piktogramm (Erklärung auf Seite 235), das auf die Art der Sehenswürdigkeit verweist. Seitenzahl und Suchfeldangabe für den Kartenteil sind fett gedruckt. Danach folgt die Seitenzahl für den Bildteil, und zuletzt werden Internetadressen angegeben, die einen raschen Zugriff auf weitere aktuelle Informationen über die in diesem Werk beschriebenen Orte und Sehenswürdigkeiten ermöglichen. Die meisten Einträge auf den Bildseiten sind auch im Kartenteil zu finden, der darüber hinaus eine Fülle weiterer touristischer Hinweise bietet.

Aachen **242 Bb41** 88 www.aachen.de
Aalen **248 Db48** www.aalen.de
Ahlbeck **237 Fb32** 51f. www.ahlbeck.de
Ahrensburg **236 Dc32** www.ahrensburg.de
Ahrenshoop **237 Ec30** 46 www.ostseebad-ahrenshoop.de
Ahrtal **242 Bd42** 103 www.ahrtal.de
Albrechtsburg in Meißen **245 Ed41** 153 www.albrechtsburg-meissen.de
Allgäu 213 www.allgaeu.de
Alpen 227 www.alpenverein.de
Alsfeld **243 Cd42** www.alsfeld.de
Alte Oper in Frankfurt 120 www.alteoper.de
Altena **242 Cb40** 92 www.altena.de
Altenburg **245 Eb41** www.stadt-altenburg.de
Altes Land **236 Db33** 33 www.tourismus-altesland.de
Altes Schloss in Bayreuth **244 Ea45** 199 www.schloesser.bayern.de
Altötting **249 Ec50** www.altoetting.de
Altstadt in Bremen **239 Cd34** www.unesco.de
Altstadt in Goslar **240 Dc38** www.unesco.de
Altstadt in Lübeck **236 Dd32** www.unesco.de
Altstadt in Quedlinburg **240 Dd38** www.unesco.de
Altstadt in Stralsund **237 Ed30** www.unesco.de
Altstadt in Wismar **237 Ea31** www.unesco.de/c_arbeitsgebiete/welterbe_d26.htm
Altstadt in Bamberg **244 Dc45** www.unesco.de/c_arbeitsgebiete/welterbe_d12.htm
Amberg **244 Ea46** www.amberg.de
Ammersee **248 Dc51** www.ammersee-region.de
Amrum **236 Cd29** www.deramrumer.de/Sehenswu/Leuchttu.htm
Angermünde **241 Fa35** www.angermuende.de
Anklam **237 Fa32** www.anklam.de
Anna-Amalia-Bibliothek in Weimar 128 www.weimar-klassik.de/de/haab
Annweiler am Trifels **246 Ca47** www.annweiler.de
Ansbach **248 Dc47** www.ansbach.de
Apensen **236 Db33** 33 www.apensen.de
Arnsberg **243 Cb39** www.arnsberg.de
Arnsberger Wald **243 Cc39** 92 www.liz.de
Aschaffenburg **243 Cd44** 190 www.aschaffenburg.de
Aschersleben **240 Ea39** www.aschersleben.de
Attahöhle **242 Cb40** www.atta-hoehle.de
Augsburg **248 Dc50** 216 www.augsburg.de
Aurich **238 Cb32** www.aurich.de

Baabe 48 www.baabe.de
Bacharach **242 Ca44** 104 www.bacharach.de
Bad Arolsen **243 Cd40** bad-arolsen.active-city.net
Bad Bederkesa **239 Cd32** www.bad-bederkesa.de
Bad Bentheim **238 Ca36** www.bad-bentheim.de
Bad Buchau **247 Cd51** 182 www.badbuchau.de
Bad Doberan **237 Eb31** www.bad-doberan.de
Bad Ems **242 Ca43** 118 www.bad-ems.info
Bad Frankenhausen **244 Dd40** www.bad-frankenhausen.de
Bad Freienwalde **241 Fb35** www.bad-freienwalde.de
Bad Hersfeld **243 Da41** www.bad-hersfeld.de
Bad Homburg **243 Cc43** www.bad-homburg.de
Bad Karlshafen **243 Da39** www.bad-karlshafen.de
Bad Kissingen **244 Db44** www.badkissingen.de
Bad Langensalza **244 Dc41** www.badlangensalza.de
Bad Liebenstein **244 Db42** 133 www.bad-liebenstein.de
Bad Lobenstein **244 Ea43** www.moorbad-lobenstein.de
Bad Mergentheim **247 Da46** www.bad-mergentheim.de
Bad Muskau **241 Fc39** www.badmuskau.de
Bad Neuenahr-Ahrweiler **242 Bd42** www.bad-neuenahr-online.de
Bad Neustadt **244 Db43** www.bad-neustadt.de
Bad Oeynhausen **239 Cd37** www.badoeynhausen.de
Bad Pyrmont **239 Da38** www.badpyrmont.de
Bad Reichenhall **249 Ec52** 231 www.bad-reichenhall.de
Bad Säckingen **246 Ca52** 177 www.bad-saeckingen.de
Bad Salzuflen **239 Cd37** www.bad-salzuflen.de
Bad Salzungen **244 Db42** 133 www.badsalzungen.de
Bad Schandau **245 Fb42** 154 www.bad-schandau.de
Bad Schussenried **247 Cd51** 182 www.bad-schussenried.de
Bad Segeberg **236 Dc31** www.badsegeberg.de
Bad Sooden-Allendorf **243 Db40** 114 www.bad-sooden-allendorf.de
Bad Tölz **248 Dd52** www.bad-toelz.de
Bad Urach **247 Cd49** 178 www.badurach.de
Bad Waldsee **247 Da51** 184 www.bad-waldsee.de
Bad Wildungen **243 Cd40** www.bad-wildungen.de
Bad Wimpfen **247 Cd47** 164 www.badwimpfen.de
Bad Windsheim **244 Db46** www.bad-windsheim.de
Bad Zwischenahn **239 Cc33** www.bad-zwischenahn.de
Baden-Baden **246 Cb48** 174f. www.baden-baden.de
Baltrum **238 Cb31** 28 www.baltrum.de
Bamberg **244 Dc45** 196 www.stadt.bamberg.de
Bansin **237 Fb31** 51f. www.drei-kaiserbaeder.de
Bastei **245 Fb41** 154 www.tourismusverein-elbsandsteingebirge.de
Bauhausbauten in Dessau-Roßlau **241 Eb38** www.unesco.de
Bauhausbauten in Weimar **244 Dd41** www.unesco.de
Bautzen **245 Fb41** 156 www.bautzen.de
Bayreuth **244 Ea45** 198f. www.bayreuth.de
Beeskow **241 Fb37** www.beeskow.de
Befreiungshalle bei Kehlheim **248 Ea48** 206 www.schloesser.bayern.de
Belzig **241 Ec37** www.belzig.de
Berchtesgaden **249 Ec52** 231 www.berchtesgaden.de
Berchtesgadener Land **249 Ec53** 230f. www.nationalpark-berchtesgaden.de
Bergisches Land **242 Ca41** 92 www.bergischesland.de
Bergwerk Rammelsberg **240 Dc38** www.unesco.de
Berlin **241 Ed36** 60f. www.berlin.de
Bernau **241 Fa36** www.bernau.de
Bernburg **240 Ea38** www.bernburg.de
Bernkastel-Kues **242 Bd44** 100 www.bernkastel-kues.de
Bertradaburg in Mürlenbach **242 Bc43** 96 www.ti-eifel.de/bertradaburg
Biberach an der Riß **247 Da50** 182 www.biberach-riss.de
Bibliotheca Augusta in Wolfenbüttel **240 Dc37** 35 www.hab.de
Bielefeld **239 Cc37** 83 www.bielefeld.de
Bingen **242 Cb44** 104 www.bingen.de
Binz **237 Fa30** 50f. www.ostseebad-binz.de
Biosphärenreservat Mittlere Elbe **240 Eb38** www.biosphaerenreservatmittlereelbe.de
Biosphärenreservat Schaalsee **236 Dd32** www.schaalsee.de
Blankenburg **240 Dd38** www.blankenburg.de
Blaubeuren **247 Da49** www.blaubeuren.de
Blautopf bei Blaubeuren **247 Da49** 178 www.blaubeuren.de
Bochum **242 Ca39** www.bochum.de
Bodensee **247 Cd52** 186 www.bodenseeferien.de
Boizenburg **236 Dd33** www.boizenburg.de
Bonn **242 Bd41** 90 www.bonn.de
Boppard **242 Ca43** 104 www.boppard.de
Borkum **238 Bd32** 28 www.borkum.de
Brandenburg **241 Ec36** 58 www.stadt-brandenburg.de
Brandenburger Tor in Berlin **241 Ed36** 60 www.stiftung-denkmalschutz-berlin.de/seite210.html
Braunschweig **240 Dc37** 34f. www.braunschweig.de
Breidscheid 99 www.breidscheid.de
Breisach **246 Bd50** 168f. www.breisach.de
Bremen **239 Cd34** 30f. www.bremen.de
Bremerhaven **239 Cd32** www.bremerhaven.de
Bretten **247 Cc47** www.bretten.de
Brühl **242 Bd41** 90f. www.bruehl.de
Brühlsche Terrasse in Dresden **245 Fa41** 148 www.schloesser-dresden.de/terrasse
Buchenwald, Mahn- und Gedenkstätte **244 Dd41** www.buchenwald.de
Büdingen **243 Cd43** www.buedingen.net
Burg Dankwarderode 34f. www.museum-braunschweig.de
Burg Eltz **242 Ca43** 94 www.burg-eltz.de
Burg Gemen **238 Bd38** 76 www.jugendburg-gemen.de
Burg Greifenstein **243 Cb42** 118 www.burg-greifenstein.net
Burg Gutenfels **242 Ca44** 104 www.welterbe-mittelrheintal.de/index.php?id=109&L=0
Burg Hülshoff **238 Ca37** 77 www.burg-huelshoff.de
Burg in Meersburg **247 Cd52** 186 www.burg-meersburg.de
Burg in Nürnberg **244 Dd46** 200 www.burgen.strasse-online.de
Burg Kellerei **243 Cd45** 122 www.michelstadt.de/Kellerei.69.0.html
Burg Landshut **242 Bd44** 100 www.bernkastel.de
Burg Linn **242 Bd39** www.archaeologie-krefeld.de/leiste/museum/museum.htm
Burg Pfalzgrafenstein **242 Ca44** 104 www.welterbe-mittelrheintal.de/index.php?id=110&L=0
Burg Rheinfels **242 Ca43** 104 www.burg-rheinfels.com
Burg Rötteln **246 Bd52** 172 www.burgschenke.de
Burg Runkel **243 Cb43** 118 burg-runkel.de
Burg Satzvey **242 Bc42** www.burgsatzvey.de
Burg Stahleck **242 Ca44** 104 www.welterbe-mittelrheintal.de/index.php?id=94&L=0
Burg Vischering **238 Ca38** 76 www.burgvischering.luedinghausen.de
Burghausen **249 Ec51** www.burghausen.de
Burglengenfeld **248 Ea47** www.burglengenfeld.de
Büsum **236 Da30** www.buesum.de

Calw **247 Cc48** www.calw.de
Celle **239 Db36** 32 www.celle.de
Cham **249 Ec47** www.cham.de
Chemnitz **245 Ec42** 158f. www.chemnitz.de
Chiemgau **248 Eb52** 188 www.chiemgau-tourismus.de
Chiemsee **249 Eb52** www.chiemsee.de
Clausthal-Zellerfeld **240 Dc38** 37 www.clausthal-zellerfeld.de
Cloppenburg **239 Cc35** www.cloppenburg.de
Coburg **244 Dd44** www.coburg.de
Cochem **242 Bd43** 100 www.cochem.de
Colombi-Schlösschen in Freiburg 170
Cottbus **241 Fb39** 157 www.cottbus.de
Cuxhaven **236 Cd31** www.cuxhaven.de

Dampflokmuseum in Neuenmarkt **244 Ea44** www.dampflokmuseum.de
Darmstadt **243 Cc44** www.darmstadt.de
Darß **237 Ec30** 47 www.fischland-darss-zingst.de

Von links nach rechts: die historische Speicherstadt in Hamburg, der Holstenhafen an der Trave in Lübeck, der Neue Zollhof von Frank O. Gehry in Düsseldorf und Fahnen vor dem Deutschen Bergbau-Museum in Bochum.

Daun	242	Bd43		www.daun.de
Dauner Maare			96	www.vulkaneifel.de/eifel-vulkanmuseum/3daumaar.htm
Deggendorf	249	Ec48		www.deggendorf.de
Demmin	237	Ed32		www.demmin.de
Dessau-Roßlau	241	Eb38		www.dessau.de
Detmold	239	Cd38	83	www.detmold.de
Deutsches Bergbaumuseum in Bochum	242	Ca39	80	www.bergbaumuseum.de
Dillenburg	243	Cc41		www.dillenburg.de
Dillingen a.d.Donau	248	Db49		www.dillingen-donau.de
Dinkelsbühl	248	Db47	203	www.dinkelsbuehl.de
Dom in Aachen	242	Bb41	87f.	www.unesco.de
Dom in Bamberg	244	Dc45	196	www.erzbistum-bamberg.de
Dom in Braunschweig	240	Dc37	34	www.braunschweigerdom.de
Dom in Erfurt	244	Dd41	127	www.dom-erfurt.de
Dom in Hildesheim	240	Db37		www.unesco.de
Dom in Köln	242	Bd41	85	www.unesco.de
Dom in Limburg	242	Cb43	119	www.limburgerdom.de
Dom in Magdeburg	240	Ea37	136	www.magdeburgerdom.de
Dom in Mainz	243	Cb44	106f.	www.kath.de/bistum/mainz/dom
Dom in Münster	238	Cb37	75	www.bistummuenster.de/index.php?cat_id=402
Dom in Naumburg	244	Ea41	144	www.naumburg.de
Dom in Ratzeburg	236	Dd32	18	www.ratzeburgerdom.de
Dom in Speyer	247	Cb46	106f.	www.unesco.de
Dom in Trier	242	Bc44		www.unesco.de
Dom in Worms	243	Cb45	106f.	www.wormser-dom.de
Dom St. Kilian in Würzburg			192	www.dom-wuerzburg.de
Dom St. Petri in Schleswig	236	Db29	12	www.schleswigerdom.de
Dom St. Stephan Passau	249	Ed49	208	www.bistum-passau.de/statisch/dom.html
Donaudurchbruch	248	Ea48	206	www.landkreis-kelheim.de/besuch/landscha/dodurch2.htm
Donaueschingen	247	Cb51	179	www.donaueschingen.de
Donauwörth	248	Dc49	202	www.donauwoerth.de
Dortmund	242	Ca39		www.dortmund.de
Dresden	245	Fa41	148	www.dresden.de
Duderstadt	243	Db39		www.duderstadt.de
Duisburg	242	Bd39		www.duisburg.de
Düsseldorf	242	Bd40	78	www.duesseldorf.de

Edelsteinmuseum in Idar-Oberstein	242	Bd45		www.edelsteinmuseum.de
Edenkoben	246	Cb46	102	www.edenkoben.de
Ehrenbreitstein	242	Ca43		www.festungehrenbreitstein.de
Eichstätt	248	Dd48		www.eichstaett.de
Eiderstedt	236	Cd30	8	www.eiderstedt.de
Eifel	242	Bc43	96	www.eifel.de
Eilenburg	245	Ec40		www.eilenburg.de
Einbeck	240	Db38		www.einbeck-online.de
Eisenach	244	Db41		www.eisenach.de
Eisenhüttenstadt	241	Fc37		www.eisenhuettenstadt.de
Elbtal	245	Fa41		www.unesco.de
Elm	240	Dc37	37	www.weserbergland-tourismus.de
Elsterwerda	245	Fa40		www.elsterwerda.de
Eltville	242	Cb44		www.eltville.de
Elzach	246	Ca50	184	www.elzach.de
Emden	238	Ca33	29	www.emden.de
Emsland	238	Ca36		www.emsland-touristik.de
Erfurt	244	Dd41	126f.	www.erfurt.de
Erlangen	244	Dd46		www.erlangen.de
Erzgebirge	245	Ec43	158f.	www.erzgebirge.de
Escherndorf	244	Db45	190	www.escherndorf.de
Essen	242	Bd39	81	www.essen.de
Ettenheim	246	Ca50	172	www.ettenheim.de/html
Ettlingen	247	Cb48		www.ettlingen.de
Europa Park in Rust	246	Ca50		www.europapark.de
Eutin	236	Dd31	18	www.eutin.de
Externsteine	239	Cd38		www.externstein.de

Feengrotten in Saalfeld	244	Dd42		www.feengrotten.de
Fehmarn	236	Ea30	18f.	www.fehmarn-info.de
Felsenburg Neurathen			155	www.saechsische-schweiz.de
Felsenmeer in Hemer	242	Cb39	92	www.hiz-hemer.de
Festung in Dömitz	240	Ea34		www.festung-doemitz.de
Festung Königstein	245	Fb42		www.festung-koenigstein.de
Festung Marienberg	243	Da45	193	www.schloesser.bayern.de
Finsterwalde	241	Fa39		www.finsterwalde.de
Flensburg	236	Db28		www.flensburg.de
Forchheim	244	Dd45		www.forchheim.de
Forggensee	248	Dc52	212	www.stadt-fuessen.de
Frankfurt (Oder)	241	Fb37		www.frankfurt-oder.de
Frankfurt am Main	243	Cc44	120f.	www.frankfurt.de
Französischer Dom in Berlin			60f.	www.franzoesische-kirche.de
Frauenchiemsee			229	www.fraueninsel.de
Frauenkirche in Dresden	245	Fa41	150f.	www.frauenkirche.ipro-dresden.de
Frauenkirche in München	248	Dd51	218	www.muenchen.de
Frauenkirche in Nürnberg			200	www.frauenkirche-nuernberg.de
Frauentor in Nürnberg			201	www.nuernberg.de
Freiberg	245	Ed42		www.freiberg.de
Freiburg	246	Ca51	170f.	www.freiburg.de
Freilichtmuseum Hösseringen	240	Dc35		www.museumsdorf-hoesseringen.de
Freilichtmuseum in Molfsee	236	Dc30		www.freilichtmuseum-sh.de
Freising	248	Ea50		www.freising.de
Freudenberg	242	Cb41	92	www.freudenberg-stadt.de
Freudenstadt	247	Cb49		www.freudenstadt.de
Friedrichshafen	247	Cd52	187	www.friedrichshafen.de
Friedrichstadt	236	Da30		www.friedrichstadt.de
Fritzlar	243	Cd40		www.fritzlar.de
Fulda	243	Da42	116f.	www.fulda.de
Fürth	244	Dc46		www.fuerth.de
Furth im Wald	249	Ec47		www.furth.de
Füssen	248	Dc52		www.stadt-fuessen.de

Gager	237	Fa30	48	www.gager.de
Gaisberg			176	
Gardelegen	240	Ea36		www.gardelegen.info
Garmisch-Partenkirchen	248	Dc53		www.garmisch-partenkirchen.de
Gasometer in Oberhausen	242	Bd39	81	www.gasometer.de
Gelnhausen	243	Cd43		www.gelnhausen.de
Gelsenkirchen	242	Ca39		www.gelsenkirchen.de
Gera	244	Eb42		www.gera.de
Gernsbach	247	Cb48		www.gernsbach.de
Giessen	243	Cc42		www.giessen.de
Gifhorn	240	Dc36	39	www.gifhorn.de
Glauchau	245	Ec42		www.glauchau.de
Glücksburg	236	Db28	12f.	stadt.gluecksburg.de
Gnitz	237	Fa31	52	www.inselusedom.de/gnitz.htm
Goethehaus in Weimar	244	Dd41	130	www.weimar-klassik.de
Göltzschtalbrücke	244	Eb42		www.goeltzschtalbruecke.de
Göppingen	247	Da49		www.goeppingen.de
Görlitz	245	Fc41	156	www.goerlitz.de
Goslar	240	Dc38	36f.	www.goslar.de
Gotha	244	Dc41		www.gotha.de
Göttingen	243	Db39		www.goettingen.de
Gräfenhainichen	241	Ec39		www.graefenhainichen.de
Greifswald	237	Ed31		www.greifswald.de
Greiz	244	Eb42		www.greiz.de
Grimmen	237	Ed31		www.grimmen.de
Großer Jasmunder Bodden	237	Fa30	49f.	www.ruegen.de
Grube Messel	243	Cc44		www.unesco.de
Günzburg	248	Db49		host3.guenzburg.de
Güstrow	237	Eb32	54	www.guestrow.de
Gutenzell	247	Da50	182	www.gutenzell-huerbel.de
Gütersloh	239	Cc38	83	www.guetersloh.de

Hachenburg	242	Cb42		www.hachenburg.de
Haithabu	236	Db29	13	www.schloss-gottorf.de/haithabu/frameset.htm
Halberstadt	240	Dd38		www.halberstadt.de
Haldensleben	240	Ea37		www.stadt-haldensleben.de
Halle (Saale)	244	Eb40	144f.	www.halle.de
Hambacher Schloss in Neustadt a.d. Weinstr.	246	Cb46		www.hambacher-schloss.de
Hamburg	236	Db32	22f.	www.hamburg.de
Hameln	239	Da37		www.hameln.de
Hammelburg	243	Da44		www.hammelburg.de
Hanau	243	Cd44		www.hanau.de
Hannover	239	Db36		www.hannover.de
Hannoversch Münden	243	Da40		www.hann.muenden.de
Harz	240	Dd39	37	www.harzinfo.de
Harzquerbahn und Selketalbahn	240	Dd39		www.hsb-wr.de
Harzvorland			37	www.harzinfo.de
Haßfurt	244	Dc44		www.hassfurt.de
Hauptwache in Frankfurt			120	www.frankfurt.de
Havelberg	241	Eb35		www.havelberg.de
Heidelberg	247	Cc46	162	www.heidelberg.de
Heidenheim	248	Db49		www.heidenheim.de
Heilandskirche in Sacrow	241	Ed36	66f.	www.heilandskirche-sacrow.de
Heilbronn	247	Cd47		www.heilbronn.de
Heiligendamm	237	Eb31	50f.	www.bad-doberan.de
Heiligen-Geist-Hospital in Lübeck	236	Dd32	20	www.heiligen-geist-hospital.de
Heiligenstadt	243	Db40		www.heilbad-heiligenstadt.de
Heiliggeistkirche in Heidelberg	247	Cc46	162	heiliggeist.ekihd.de
Helgoland			10f.	www.helgoland.de
Helmstedt	240	Dd37		www.stadt-helmstedt.de
Herford	239	Cd37	83	www.herford.de
Heringsdorf	237	Fb31	51f.	www.drei-kaiserbaeder.de
Hermannsdenkmal	239	Cd38	83	www.hermannsdenkmal.de
Herschbroich	242	Bd42	99	www.herschbroich.de
Herzberg am Harz	240	Dc39	36	www.herzberg.de

Hexenlochmühle in St. Märgen	246	Ca51	174	www.hexenlochmuehle.de
Hiddensee	237	Ed29	46	www.seebad-insel-hiddensee.de
Hildburghausen	244	Dc43		www.hildburghausen.de
Hildesheim	240	Db37	34	www.hildesheim.de
Hilpoltstein	248	Dd47		www.hilpoltstein.de
Hils	240	Db38	37	www.weserbergland-tourismus.de
Himmelpforten	236	Da32	33	www.kdo.de/himmelpforten
Hinterzarten	246	Ca51	177	www.hinterzarten.de
Hirschhorn	247	Cc46	164	www.hirschhorn.de
Hochharz	240	Dc38	36	www.nationalpark-hochharz.de
Hockenheimring	247	Cc46		www.hockenheimring.de
Hof	244	Ea43		www.hof.de
Hohenzollern	247	Cc50		www.burg-hohenzollern.de
Holsteinische Schweiz	236	Dc31	19	www.naturpark-holsteinische-schweiz.de
Holstentor in Lübeck	236	Dd32	20	www.holstentor.info/index.html
Holzminden	239	Da38		www.holzminden.de
Homberg (Efze)	243	Da41	114	www.homberg-efze-kreisstadt.de
Horneburg	236	Db33	33	www.horneburg.de
Hornisgrinde	246	Cb49	174	www.hornisgrinde.de/homepage.html
Höxter	239	Da38		www.hoexter.de
Husum	236	Da29		www.husum.de
Idstein	243	Cb43		www.idstein.de
Ingolstadt	248	Dd48		www.ingolstadt.de
Insel Hombroich in Neuss	242	Bd40		www.inselhombroich.de
Isny im Allgäu	247	Da52		www.isny-tourismus.de
Ith	239	Da37	37	www.weserbergland-tourismus.de
Itzehoe	236	Db31		www.itzehoe.de
Jena	244	Ea41		www.jena.de
Jever	239	Cc32		www.stadt-jever.de
Juist	238	Ca32	28	www.juist.de
Jüterbog	241	Ed38		www.jueterbog.de
Kaiserpfalz in Bad Wimpfen	247	Cd47	164	www.burgen-web.de/site29_d.htm
Kaiserslautern	246	Ca46		www.kaiserslautern.de
Kaiserstuhl	246	Bd50	173	www.kaiserstuhl.com
Kaiserthermen in Trier	242	Bc44	100	www.unesco.de
Kaiser-Wilhelm-Gedächtniskirche			62	www.gedaechtniskirche.com
Kamenz	245	Fb40		www.kamenz.de
Kampen	236	Cd28	15	www.kampen.de
Kanalbrücke in Magdeburg	240	Ea37		www.wasserstrassenkreuz.de
Karlsruhe	247	Cb47		www.karlsruhe.de
Karlstadt	243	Da44		www.karlstadt.de
Karnin	237	Fa32	52	www.usedom.de/karnin
Kassel	243	Da40	112f.	www.kassel.de
Kästeklippen			36	www.harzlife.de/tip/kaesteklippe.html
Kaufbeuren	248	Db51	213	www.kaufbeuren.de
Keitum	236	Cd28	14	www.keitum.de
Kelheim	248	Ea48	207	www.kelheim.de
Kempten	248	Db52	213	www.schloesser.bayern.de
Kerpen	242	Bc41	98	www.stadt-kerpen.de
Kevelaer	238	Bc38		www.kevelaer.de
Kiel	236	Dc30	19	www.kiel.de
Kitzingen	244	Db45		www.kitzingen.inf
Kleiner Jasmunder Bodden	237	Fa30	49f.	www.ruegen.de
Klingenthal	245	Eb43		www.klingenthal.de
Kloster Andechs	248	Dd51	224	www.andechs.de
Kloster Bad Schussenried	247	Cd51	182	www.schloesser-magazin.de/de/objekte/bsch/bsch01.php
Kloster Benediktbeuern	248	Dd52	224	www.kloster-benediktbeuern.de
Kloster Corvey	239	Da38	87	www.schloss-corvey.de
Kloster Ettal	248	Dc52		www.kloster-ettal.de
Kloster in Kamp-Lintfort	242	Bc39	87	www.kloster-kamp.de
Kloster Lorsch	243	Cc45	122	www.unesco.de/c_arbeitsgebiete/welterbe_d10.htm www.kloster-lorsch.de
Kloster Marienthal	245	Fc41	156	www.kloster-marienthal.de
Kloster Maulbronn	247	Cc47	174	www.unesco.de/c_arbeitsgebiete/welterbe_d13.htm www.maulbronn.de
Kloster Metten	249	Ec48	207	www.kloster-metten.de
Kloster Seeon	249	Eb51	188	www.kloster-seeon.de
Kloster St. Michael in Bamberg	244	Dc45	196	www.bnv-bamberg.de/home/ba1115/michaelsberg.htm
Kloster St. Pauli in Brandenburg	241	Ec36	58	www.brandenburg-info.com/bbges/kloster.htm
Kloster Veßra	244	Dc43		www.museumklostervessra.de
Kloster Weltenburg	248	Ea48	206	www.areion.org/weltenburg
Kloster Wiblingen	247	Da50	160	www.tourismus.ulm.de/sight_detail.dpx?sight_id=10
Kloster Wienhausen	240	Dc36		www.wienhausen.de
Kloster Zinna	241	Ed38	58	www.brandenburg-info.com
Kloster Zwiefalten	247	Cd50	182	www.historisches-wuerttemberg.de
Klosterkirche Birnau	247	Cc52	186	www.klosterladen-birnau.de/birnau.html
Klosterkirche in Malchow	237	Ec33	54	www.malchow.m-vp.de
Klosterruine Chorin	241	Fa35	58	www.kloster-chorin.com
Koblenz	242	Ca43	105	www.koblenz.de
Köln	242	Bd41	84f.	www.koeln.de
Königs Wusterhausen	241	Fa37		www.koenigs-wusterhausen.de
Königshalle in Lorsch			122	www.kloster-lorsch.de
Königssee	249	Ec53	231	www.bayerische-seenschifffahrt.de
Konstanz	247	Cc52		www.konstanz.de
Konz	242	Bc45	103	www.konz.de
Korbach	243	Cd40		www.korbach.de
Koserow	237	Fb31	53	www.koserow.de
Kötzting	249	Ec47		www.koetzting.de
Kraichgau	247	Cc47	173	www.kraichgau-stromberg.com
Kronach	244	Dd44		www.kronach.de
Kyffhäuser	244	Dd40		www.kyffhaeuser-denkmal.de
Kyritz	241	Ec35		www.kyritz.de
Lahntal	243	Cb43	118	www.daslahntal.de
Landau a.d. Isar	249	Ec49		www.landau-isar.de
Landsberg a. Lech	248	Dc51		www.landsberg.de
Landschaftspark Duisburg-Nord	242	Bd39	81	www.landschaftspark.de
Landshut	248	Eb49	207	www.landshut.de
Langenargen	247	Cd52	186	www.langenargen.de/index.asp
Langeoog	238	Cb31	28	www.langeoog.de
Laufenburg	246	Ca52	177	www.laufenburg.de
Lausitz	245	Fa40	156f.	www.niederlausitz.de
Lauterbach	243	Da42		www.lauterbach-hessen.de
Leer	238	Cb33		www.stadt-leer.de
Lehde Spreewald Museum	241	Fa38	70	www.spreewald-museen.de
Leipzig	245	Eb40	146	www.leipzig.de
Leiwen	242	Bc44	100	www.leiwen.de
Lemgo	239	Cd37	82	www.lemgo.de
Levi Strauss Museum in Buttenheim	244	Dd45		www.levi-strauss-museum.de
Liebfrauenkirche in Trier	242	Bc44		www.unesco.de/c_arbeitsgebiete/welterbe_d07.htm www.trier.de/tourismus/sehenswertes/liebfrau.htm
Limburg	242	Cb43	118f.	www.limburg.de
Limes	247	Cd46		www.unesco.de/c_arbeitsgebiete/welterbe_d31.htm www.deutsche-limeskommission.de
Lindau	247	Cd52	212	www.lindau.de
Lippstadt	239	Cc38		www.lippstadt.de
Lohr	243	Da44		www.lohr.de
Loreley	242	Ca43	105	www.talderloreley.de/index.de.php
Lorenzkirche in Nürnberg			201	www.lorenzkirche.de
Lorsch	243	Cc45	122	www.lorsch.de
Lotenbachklamm	246	Cb51	176f.	www.mmwebs.de/wutach/lotenbach.htm
Lübben/Spreewald	241	Fa38		www.luebben.de
Lübbenau/Spreewald	241	Fa38		www.luebbenau-spreewald.de
Lübeck	236	Dd32	20f.	www.luebeck.de
Lübecker Bucht	236	Dd31	19	www.luebecker-bucht.de
Lüchow	240	Dd35		www.luechow.de
Lüdinghausen	238	Ca38	76	www.luedinghausen.de
Ludwigsburg	247	Cd48		www.ludwigsburg.de
Ludwigshafen	247	Cc51	187	www.ludwigshafen.de
Ludwigslust	240	Ea33		www.stadtludwigslust.de
Lüneburg	240	Dc34		www.lueneburg.de
Lüneburger Heide	239	Db34	32f.	www.lueneburger-heide.de
Luthergedenkstätten in Lutherstadt Eisleben	240	Ea39		www.unesco.de/c_arbeitsgebiete/welterbe_d19.htm www.martinluther.de
Lutherhaus in Lutherstadt Wittenberg	241	Ec38		www.unesco.de/c_arbeitsgebiete/welterbe_d19.htm www.martinluther.de
Lutherstadt Eisleben	240	Ea39		www.lutherstadt-eisleben.de
Lutherstadt Wittenberg	241	Ec38		www.wittenberg.de
Magdeburg	240	Ea37	136f.	www.magdeburg.de
Magnetschwebebahn »Transrapid«	238	Ca34		www.iabg.de/transrapid/index_de.php
Mainau	247	Cd52		www.mainau.de
Mainfranken			191	www.frankentourismus.de
Mainz	243	Cb44		www.mainz.de
Malchin	237	Ec32	55	www.malchin.de
Malchiner See	237	Ec32	54	www.naturpark-mecklenburgische-schweiz.de
Malchow	237	Ec33	54	www.malchow.m-vp.de
Mannheim	247	Cc46		www.mannheim.de
Marburg	243	Cc41		www.marburg.de
Maria Laach	242	Bd42	96	www.maria-laach.de
Marienberg	245	Ed42		www.marienberg.de
Marienkapelle in Würzburg			193	www.bistum-wuerzburg.de
Marienkirche in Halle	244	Eb40	145	www.marktkirche-halle.de
Marienkirche in Rostock	237	Eb31	44f.	www.marienkirche-rostock.de
Marienkirche in Stralsund			45	www.st-mariengemeinde-stralsund.de
Marienkirche in Wismar	237	Ea32	42	www.wismar-marien.de
Marktredwitz	244	Eb45		www.marktredwitz.de
Mecklenburgische Seenplatte	237	Ed33	54f.	www.mecklenburgische-seenplatte.de
Meersburg	247	Cd52	186	www.burg-meersburg.de

Von links nach rechts: der zoologisch-botanische Garten Wilhelma in Stuttgart, der Spiegelsaal im Schloss Herrenchiemsee im Chiemgau, Oktoberfest und Schloss Nymphenburg in München sowie die Bertradaburg in Mürlenbach in der Eifel.

Meiningen	244	Dc42	133	www.meiningen.de
Meißen	245	Ed41	152	www.stadt-meissen.de
Melsungen	243	Da40	114	www.melsungen.de
Memmingen	248	Db51	213	www.memmingen.de
Merseburg	244	Eb40		www.merseburg.de
Meschede	243	Cc40		www.meschede.de
Mettlach	242	Bc45	109	www.tourist-info.mettlach.de
Michaeliskirche in Bautzen	245	Fb41	156	www.bautzen.de
Michaelskiche in Fulda			116	www.tourismus-fulda.de
Michelstadt	243	Cd45	122f.	www.michelstadt.de
Miltenberg	243	Cd45	122	www.stadt-miltenberg.de
Mindelheim	248	Db51		www.mindelheim.de
Minden	239	Cd36	82	www.minden.de
Mittelrheintal	242	Ca43	103f.	www.unesco.de/c_arbeitsgebiete/welterbe_d27.htm www.welterbe-mittelrheintal.de
Mittenwald	248	Dd53		www.mittenwald.de
Möhnesee	243	Cb39		www.moehnesee.de
Mönchengladbach	242	Bc40		www.moenchengladbach.de
Monschau	242	Bc42		www.monschau.de
Montabaur	242	Cb42		www.montabaur.de
Mosbach	247	Cd46		www.mosbach.de
Mosel-Saar-Ruwer	242	Bc45	103	www.die-mosel.de
Moselschleife bei Bremm	242	Bd43	100	www.bremm-mosel.de
Moseltal	242	Bd44	94	www.mosel.de
Mühldorf a.Inn	249	Eb50		www.muehldorf.de
Mühlenmuseum in Gifhorn	240	Dc36		www.muehlenmuseum.de
Mühlhausen	244	Dc40		www.muehlhausen.de
Mülheim an der Ruhr	242	Bd39		www.muelheim-ruhr.de
München	248	Dd51	218f.	www.muenchen.de
Münster	238	Cb37	74f.	www.muenster.de
Münster in Freiburg	246	Ca51	170	www.dompfarrei-freiburg.de
Münster in Ulm	247	Da49	180f.	www.muenster-ulm.de
Münster St. Stephan in Breisach	246	Bd50	168	www.st-stephan-breisach.de
Museum und Park Kalkriese	239	Cc36		www.kalkriese-varusschlacht.de
Museumsinsel in Berlin	241	Ed36		www.unesco.de/c_arbeitsgebiete/welterbe_d22.htm www.museumsinsel-berlin.de
Muskauer Park	241	Fc39		www.unesco.de/c_arbeitsgebiete/welterbe_d30.htm www.muskauer-park.de

Nahe	242	Ca45	103	www.naheland.de
Nassau	242	Ca43	118	www.nassau-touristik.de
Nationalpark Bayerischer Wald	249	Ed48	210	www.nationalpark-bayerischer-wald.de
Nationalpark Eifel	242	Bc42		www.nationalpark-eifel.nrw.de
Nationalpark Hainich	244	Dc41		www.nationalpark-hainich.de
Nationalpark Jasmund	237	Fa29	48	www.nationalpark-jasmund.de
Nationalpark Kellerwald-Edersee	243	Cd40		www.nationalpark-kellerwald-edersee.de
Nationalpark Müritz	237	Ec33		www.nationalpark-mueritz.de
Nationalpark Niedersächsisches Wattenmeer	238	Ca32		www.nationalpark-wattenmeer.niedersachsen.de
Nationalpark Sächsische Schweiz	245	Fb42		www.nationalpark-saechsische-schweiz.de
Nationalpark Schleswig-Holsteinisches Wattenmeer	236	Cd28		www.wattenmeer-nationalpark.de
Nationalpark Unteres Odertal	241	Fb35		www.nationalpark-unteres-odertal.de
Naturpark Altmühltal	248	Dd48		www.naturpark-altmuehltal.de
Naturpark Bayerischer Wald	249	Ec48		www.naturpark-bayer-wald.de
Naturpark Eggegebirge und südl. Teutoburgerwald	239	Cd38	83	www.naturpark-eggegebirge.de
Naturpark Eichsfeld-Hainich-Werratal	243	Db40		www.naturpark-ehw.thueringen.de
Naturpark Erzgebirge/Vogtland	245	Ec43		www.naturpark-erzgebirge-vogtland.de
Naturpark Feldberger Seenlandschaft	237	Ed33		www.naturpark-feldberger-seenlandschaft.de
Naturpark Fichtelgebirge	244	Ea44		www.fichtelgebirge.de
Naturpark Frankenwald	244	Ea44		www.naturpark-frankenwald.de
Naturpark Fränkische Schweiz-Veldensteiner Forst	244	Dd45		www.fsvf.de
Naturpark Saale-Unstrut-Triasland	244	Ea41		www.naturpark-saale-unstrut.de
Naturpark Schwarzwald Mitte/Nord	246	Cb49		www.naturparkschwarzwald.de
Naturpark Siebengebirge	242	Ca42		www.naturpark-siebengebirge.de
Naturpark Thüringer Wald	244	Dc42		www.naturpark-thueringer-wald.de
Naturpark Unteres Saaletal	240	Ea39		www.naturparke.de
Naumburg	244	Ea41	144	www.naumburg.de
Neandertalmuseum in Mettmann	242	Bd40		www.neanderthal.de
Neckargemünd	247	Cc46	164	www.neckargemuend.de
Neckartal	247	Cd46	173	www.naturpark-neckartalodenwald.de
Neubrandenburg	237	Ed33		www.neubrandenburg.de
Neuburg an der Donau	248	Dd49		www.neuburg-donau.de
Neues Schloss in Bayreuth	244	Ea45	199	www.schloesser.bayern.de
Neumarkt	248	Dd47		www.neumarkt.de
Neuruppin	241	Ec35	58	www.neuruppin.de
Neustadt an der Weinstraße	246	Cb46		www.neustadt-weinstrasse.de
Neustrelitz	237	Ed33	54	www.neustrelitz.de
Niederrheinregion			78	www.region-niederrhein.de
Nienburg	239	Da35		www.nienburg.de
Nikolaikirche in Potsdam	241	Ec36	66	www.nikolaipotsdam.de
Nikolaikirche in Stralsund			44	www.nikolai-stralsund.de
Norddeutsche Tiefebene			83	www.deutschland-tourismus.de
Norderney	238	Ca31	28	www.norderney.de
Norderoog	243	Cd39	16	www.nordfriesische-halligen.de/6_norderoog.html
Nordhausen	240	Dc39		www.nordhausen.de
Nordhorn	238	Ca36		www.nordhorn.de
Nördlingen	248	Db48	203	www.noerdlingen.de
Northeim	243	Db39		www.northeim.de
Nürburg	242	Bd42	99	www.nuerburg.de
Nürburgring	242	Bd43	99	www.nuerburgring.de
Nürnberg	244	Dd46	200f.	www.nuernberg.de

Oberharz			37	www.harztourismus.com
Oberhausen	242	Bd39	80	www.oberhausen.de
Oberhof	244	Dc42	133	www.oberhof.de
Oberlausitzische Bibliothek in Görlitz			156	www.goerlitz.de
Oberspreewald	241	Fb39	70	www.spreewald-info.com
Oberstdorf	248	Db53		www.oberstdorf.de
Ochsenhausen	247	Da51		www.ochsenhausen.de
Offenbach	243	Cc44		www.offenbach.de
Offenburg	246	Ca49		www.offenburg.de
Oldenburg	239	Cc34		www.oldenburg.de
Opernhaus Bayreuth	244	Ea45	198	www.schloesser.bayern.de
Oranienburg	241	Ed35		www.oranienburg.de
Ortenau	246	Ca49	172	www.kreisgebiet-ortenau.de
Ortenberg	246	Ca49	172	www.ortenberg.de
Osnabrück	239	Cc36		www.osnabrueck.de
Ostallgäuer Alpen			215	www.ostallgaeu.de
Ostfriesland	238	Cb32	29	www.ostfriesland.de
Ostwestfalen			83	www.ostwestfalen-lippe.de

Paderborn	239	Cd38	83	www.paderborn.de
Palais Schaumburg in Bonn			91	www.bonnxxl.de/go/6/portrait/hammerschmidt_d.html
Papenburg	238	Cb34	29	www.papenburg.de
Parchim	237	Eb33		www.parchim.de
Partnachklamm	248	Dc53		www.garmisch-partenkirchen.de
Pasewalk	241	Fa33		www.pasewalk.de
Passau	249	Ed49	208	www.passau.de
Paulskirche in Frankfurt			121	www.frankfurt.de
Perl	242	Bb45	100	www.perl-mosel.de
Perleberg	240	Eb34		www.stadt-perleberg.de
Pfahlbauten in Unteruhldingen	247	Cd52	186	www.pfahlbauten.de
Pfalz			103	www.pfalztourinfo.de
Pfälzerwald	246	Ca46	109	www.pfaelzerwald.de
Pfarrkirche in Gutenzell	247	Da50	182	www.lad-bw.de/kloester-bw/kloster1.php?nr=619
Pfarrkirchen	249	Ec50		www.pfarrkirchen.de
Pforzheim	247	Cc48		www.pforzheim.de
Phantasialand in Brühl	242	Bd41		www.phantasialand.de
Pirna	245	Fa41	153	www.pirna.de
Plauen	244	Eb43		www.plauen.de
Plön	236	Dc31	18f.	www.ploen.de
Plöner See	236	Dc31	18f.	www.grosserploenersee.de
Porta Nigra in Trier	242	Bc44		www.unesco.de
Potsdam	241	Ed37	66f.	www.potsdam.de
Potsdamer Platz in Berlin	241	Ed36	62	www.potsdamer-platz.net
Prenzlau	241	Fa34		www.prenzlau.de
Pritzwalk	241	Eb34		www.pritzwalk.de
Prorer Wiek auf Rügen	237	Fa30	46	www.ruegen.de
Prüm	242	Bc43		www.pruem.de
Pulvermaar	242	Bd43		www.vulkaneifel.com

Quedlinburg	240	Dd38	140	www.quedlinburg.de
Querfurt	244	Ea40		www.querfurt.de
Quiddelbach	242	Bd43	99	www.adenau.de

Rabenklippen			36	www.harzaktiv.net/rabenklippen.htm
Radebeul	245	Fa41	153	www.radebeul.de
Ramsau	249	Ec53	230	www.ramsau.de
Rastatt	246	Cb48	169	www.rastatt.de
Rathenow	241	Eb36		www.rathenow.de
Ratzeburg	236	Dd32	18	www.ratzeburg.de
Ravensburg	247	Cd52		www.ravensburg.de
Recklinghausen	238	Ca38		www.recklinghausen.de

Regensburg 248 Eb48 209 www.regensburg.de
Reichenau 247 Cc52 186 www.unesco.de/c_arbeitsgebiete/welterbe_d24.htm
Reichsburg in Cochem 242 Bd43 100 www.burg-cochem.de
Reichstag 62 www.reichstag.de
Remagen 242 Bd42 www.remagen.de
Remscheid 242 Ca40 92 www.remscheid.de
Remstal 247 Cd48 173 www.remstal-route.de
Rendsburg 236 Db30 www.rendsburg.de
Rennsteig 244 Dc42 www.rennsteigportal.de
Rennsteiggarten 244 Dc42 www.rennsteiggartenoberhof.de
Residenz in München 221 www.schloesser.bayern.de
Residenz in Würzburg 243 Da45 194f. www.unesco.de
Residenzschloss in Dresden 245 Fa41 148f. www.skd-dresden.de/de/gebaeude/residenzschloss.html
Reutlingen 247 Cd49 www.reutlingen.de
Rheinhessen 103 www.rheinhessen.info
Rheinsberg 241 Ed34 59 www.rheinsberg.de
Rhön 244 Db43 117 www.rhoen.de
Rhumequelle 240 Dc39 www.rhumequelle-quellenrestaurant.de
Ribnitz-Damgarten 237 Ec30 www.ribnitz-damgarten.de
Riesa 245 Ed40 www.riesa.de
Rödertor in
Rothenburg o. d. T. 244 Db46 204 www.rothenburg.de/d/ISY/index.php?get=2354
Roland in Bremen 239 Cd34 www.unesco.de/c_arbeitsgebiete/welterbe_d29.htm
www.rathaus-bremen.de
Romantische Straße 243 Da45 203 www.romantischestrasse.de
Rosenheim 248 Eb52 www.rosenheim.de
Rostock 237 Eb31 44f. www.rostock.de
Rotenburg an der Fulda 243 Da41 www.rotenburg.de
Roter Sand 239 Cc31 www.rotersand.de
Roter Turm in Halle 244 Eb40 145 www.halle.de
Rothenburg
ob der Tauber 244 Db46 204 www.rothenburg.de
Rottenburg am Neckar 247 Cc49 www.rottenburg.de
Rottweil 247 Cb50 184 www.rottweil.de
Rüdesheim 242 Cb44 www.ruedesheim.de
Rügen 237 Ed30 47 www.ruegen.de
Ruhrgebiet 157 www.rvr-online.de

Saalburg 243 Cc43 www.saalburgmuseum.de
Saaleschleife bei Bad Lobenstein 442 www.moorbad-lobenstein.de
Saalfeld 244 Dd42 www.saalfeld.de
Saarbrücken 246 Bd46 www.saarbruecken.de
Saarschleife bei Mettlach 242 Bc45 108 www.tourist-info.mettlach.de/saarschleife/saarschleife.html
Saartal 242 Bc45 109 www.tourismus.saarland.de
Sababurg 243 Da39 www.sababurg.de
Salzgitter 240 Dc37 37 www.salzgitter.de
Salzwedel 240 Dd35 www.salzwedel.de
Sande 239 Cc32 28 www.sande.de
Sangerhausen 244 Dd40 www.sangerhausen.de/sangerhausen
Sankt Peter und Paul
in Steinhausen 247 Da51 183 www.kg-steinhausen.de
Sankt Peter-Ording 236 Cd30 www.st.peter-ording.de
Sankt Sebaldus in Nürnberg 244 Dd46 201 nuernberg.bayern-online.de
Sassnitz 237 Fa30 www.sassnitz.de
Sauerland 242 Cb40 92 www.sauerland-touristik.de
Sauschwänzlebahn 247 Cb51 www.sauschwaenzlebahn.de
Schaezlerpalais in Augsburg 248 Dc50 216 www.augsburg.de
Schiffshebewerk
in Scharnebeck 236 Dc33 www.scharnebecker.de
Schleswig 236 Db29 12 www.schleswig.de
Schloss Anholt 238 Bc37 76f. www.fuerst-salm.de
Schloss Augustusburg 245 Ed42 www.augustusburg-schloss.de
Schloss Augustusburg 242 Bd41 91 www.unesco.de
Schloss Babelsberg 241 Ed37 66 www.spsg.de
Schloss Basedow 237 Ec32 54 www.gutshaeuser.de/gutshaeuser_b/basedow.html
Schloss Belvedere 244 Dd41 128 www.swkk.de
Schloss Benrath 242 Bd40 78 www.schloss-benrath.de
Schloss Berg 242 Bb45 100 www.perl-mosel.de
Schloss Bevern 239 Da38 39 www.schloss-bevern.de
Schloss Bodelschwingh 242 Ca39 72 www.schloss-bodelschwingh.de
Schloss Bothmer 236 Ea31 www.schloss-bothmer.de
Schloss Brake 239 Cd37 39 www.wrm.lemgo.de
Schloss Bückeburg 239 Cd37 38 www.schloss-bueckeburg.de
Schloss Bürresheim 242 Bd43 96 www.burgen-rlp.de
Schloss Charlottenburg 241 Ed36 56 www.spsg.de
Schloss Clemenswerth 238 Cb34 www.clemenswerth.de
Schloss Dankern 238 Ca35 www.schloss-dankern.de
Schloss Dyck 242 Bc40 www.stiftung-schloss-dyck.de
Schloss Erbach 243 Cd45 122 www.erbach.de
Schloss Falkenlust 242 Bd41 90 www.unesco.de/c_arbeitsgebiete/welterbe_d05.htm
www.schlossbruehl.de/deu/augustusburg
Schloss Glücksburg 236 Db28 12 www.schloss-gluecksburg.de
Schloss Gottorf 236 Db29 13 www.schloss-gottorf.de
Schloss Hämelschenburg 239 Da37 38f. www.schloss-haemelschenburg.de
Schloss Heidelberg 247 Cc46 162f. www.heidelberg-schloss.de
Schloss Herdringen 243 Cb39 92 www.arnsberg.de/tourismus/herdringen.php
Schloss Herrenchiemsee 249 Eb52 228 www.herren-chiemsee.de

Schloss Hülsede 239 Da37 38 www.wasserschloss-huelsede.de
Schloss in Bad Arolsen 243 Cd40 www.schloss-arolsen.de
Schloss in Bernburg 240 Ea39 144 museumschlossbernburg.de
Schloss in Plön 236 Dc31 18f. www.schloss-ploen.de
Schloss in Poppelsdorf 91 www.poppelsdorf.de/Poppelsdorfer_Schloss.htm
Schloss in Schwerin 236 Ea32 42 www.schloss-schwerin.de
Schloss Johannisburg 243 Cd44 190 www.aschaffenburg.de
Schloss Lembeck 238 Bd38 76 www.schloss-lembeck.de
Schloss Lichtenstein 247 Cd49 178 www.urach.de/html/lichtenstein.htm
Schloss Linderhof 248 Dc52 www.linderhof.de
Schloss Marienburg 240 Db37 www.schloss-marienburg.de
Schloss Mespelbrunn 243 Cd44 190 www.schloss-mespelbrunn.de
Schloss Montfort 247 Cd52 186 www.langenargen.de
Schloss Moritzburg 245 Fa41 153 www.schloss-moritzburg.de
Schloss Neuschwanstein 248 Dc52 202f. www.neuschwanstein.de
Schloss Nordkirchen 238 Ca38 76 f. www.muensterland-tourismus.de/kultur/schloesser
Schloss Nymphenburg 248 Dd51 218 www.schloesser.bayern.de
Schloss Pillnitz 245 Fa41 153 www.schloesser-dresden.de/pillnitz
Schloss Raesfeld 238 Bd38 76 www.akademie-des-handwerks.de
Schloss Rastatt 246 Cb48 168 www.schloss-rastatt.de
Schloss Rheinsberg 241 Ed34 59 www.spsg.de
Schloss Sanssouci 241 Ed37 68f. www.unesco.de/c_arbeitsgebiete/welterbe_d09.htm
Schloss Seußlitz 245 Ed40 153 www.schloss-seusslitz.de
Schloss Sigmaringen 247 Cd50 178f. www.hohenzollern.com
Schloss Solitude 247 Cd48 160 www.stuttgart-tourist.de
Schloss Veitshöchheim 243 Da45 www.schloesser.bayern.de
Schloss Westerwinkel 238 Cb38 76 www.burgen-und-schloesser.net/118/geschichte.htm
Schloss Wilhelmsburg 244 Dc42 132 www.schmalkalden.de/schloss.htm
Schloss Wilhelmshöhe 243 Da40 112f. www.wilhelmshoehe.de
Schloss Zwingenberg 247 Cd46 164 www.schlossfestspiele-zwingenberg.de
Schlossgarten in Neustrelitz 237 Ed33 54 www.neustrelitz.de
Schmalkalden 244 Dc42 132 www.schmalkalden.de
Schneeberg 245 Ec43 www.schneeberg.de
Schongau 248 Dc52 www.schongau.de
Schrobenhausen 248 Dd49 www.schrobenhausen.de
Schwäbisch Gmünd 247 Da48 www.schwaebisch-gmuend.de
Schwäbisch Hall 247 Da47 www.schwaebischhall.de
Schwäbische Alb 247 Da49 178f. www.schwaebischealb.de
Schwalenberg 239 Da38 82 www.schieder-schwalenberg.de
Schwangauer Berge 202 www.schwangau.de
Schwarzwald 246 Ca51 175f. www.schwarzwald-tourist-info.de
Schwedt 241 Fb34 www.schwedt.de
Schweinfurt 244 Db44 www.schweinfurt.de
Schwerin 236 Ea32 42f. www.schwerin.de
Schwetzingen 247 Cc46 www.schwetzingen.de
Seelow 241 Fb36 www.seelow.de
Seiffen 245 Ed42 www.seiffen.de
Semperoper in Dresden 245 Fa41 148 www.semperoper-dresden.de
Senftenberg 245 Fa40 www.senftenberg.de
Siegen 243 Cb41 93 www.siegen.de
Siegerland 243 Cb41 92 www.siegen-wittgenstein.de
Soest 243 Cb39 www.soest.de
Soltau 239 Db34 www.soltau.de
Sonneberg 244 Dd43 132 sonneberg.de
Spessart 243 Cd44 191 www.naturpark-spessart.de
Speyer 247 Cb46 www.speyer.de
Spiekeroog 239 Cb31 28 www.spiekeroog.de
Spielzeugmuseum Seiffen 245 Ed42 www.spielzeugmuseum-seiffen.de
Spreewald 241 Fa38 70f. www.spreewald.de
Spremberg 241 Fb39 www.spremberg.de
St. Bartholomä am Königssee 249 Ec53 231 www.schloesser.bayern.de
St. Bartholomäus in Ettenheim 246 Ca50 172 www.ettenheim.de
St. Bartholomäus in Volkach 244 Db45 190 www.volkach.de
St. Blasien 246 Ca51 177 www.st-blasien.de
St. Coloman in Schwangau 202 www.schwangau.de/473.0.html?&layout=&style=
St. Gereon in Köln 242 Bd41 86 www.stgereon.de
St. Goar 242 Ca43 www.st-goar.de
St. Jakob in Rothenburg o. d. T. 244 Db46 204 www.rothenburg.de/stjakob
St. Jakobi in Stralsund 237 Ed30 45 www.stralsundtourismus.de/st_jakobi.0.html
St. Lamberti-Kirche in Münster 238 Cb37 75 www.st-lamberti.de
St. Märgen 246 Ca51 174 www.st-maergen.de
St. Martin in Köln 242 Bd41 84f. www.romanische-kirchen.de
St. Martin-Kirche in Biberach 247 Da50 182 www.biberach-riss.de
St. Michael in Hildesheim 240 Db37 34f. www.unesco.de/c_arbeitsgebiete/welterbe_d06.htm
www.welterbe-hildesheim.de
St. Paul in Passau 208 www.passau.de
St. Petri-Kirche in Lübeck 236 Dd31 20 www.st-petri-luebeck.de
St. Severi-Kirche in Erfurt 244 Dd41 127 www.dom-erfurt.de
St. Severin in Keitum 14 www.st-severin.de
Stade 236 Da32 32 www.stade.de
Stader Geest 33 www.stade-tourismus.de
Starnberg 248 Dd51 www.starnberg.de
Starnberger See 248 Dd51 224 www.5sli.de
Steinerne Brücke
in Regensburg 248 Eb48 208 de.structurae.de/structures/data/index.cfm?id=s0000637
Stendal 240 Eb36 136 www.stendal.de
Stephanskirche
in Tangermünde 240 Eb36 136 www.sankt-stephan-tangermuende.de

Von links nach rechts: Weststrand der Halbinsel Darß-Zingst an der Ostseeküste, Museumsufer in Frankfurt, der Potsdamer Platz in Berlin, Schloss Wörlitz im Dessau-Wörlitzer Gartenreich und die Wartburg bei Eisenach.

Stifts- und Pfarrkirche in Bad Buchau	247	Cd51	182	www.badbuchau.de
Stiftskirche in Quedlinburg	240	Dd38	140	www.quedlinburg.de
Stiftskirche St. Georg der Insel Reichenau			186	www.insel-reichenau.de/kirchen/stgeorg/st_georg.htm
Stralsund	237	Ed30	44	www.stralsund.de
Straubing	249	Eb48		www.straubing.de
Stubbenkammer	237	Fa30	48	www.koenigsstuhl.com
Stuttgart	247	Cd48	166f.	www.stuttgart.de
Suhl	244	Dc42		www.stadtsuhl.de
Sulzbach-Rosenberg	244	Ea46		www.sulzbach-rosenberg.de
Sylt	236	Cd27	14f.	www.sylt.de
Sylvensteinspeicher	248	Dd52	224	www.wwa-wm.bayern.de/ebene2/talsperren/sylvenstein
Tangermünde	240	Eb36	136	www.tangermuende.de
Tauberbischofsheim	243	Da45		www.tauberbischofsheim.de
Taubergiessen	246	Ca50	168	www.taubergiessen.de
Taubertal	243	Da45	173	www.liebliches-taubertal.de
Tegernsee	248	Ea52		www.tegernsee.de
Templin	241	Fa34		www.templin.de
Teterow	237	Ec32	55	www.teterow.de
Teufelstisch	246	Ca47	108	www.hinterweidenthal.de
Teutoburger Wald	239	Cb36	83	www.teutoburgerwald.de
Theatinerkirche in München			218	www.theatinerkirche.de
Theresienstein in Hof	244	Ea43		www.theresienstein.de
Titisee-Neustadt	246	Ca51		www.titisee.de
Torgau	241	Ed39		www.torgau.de
Traben-Trarbach	242	Bd44	102	www.traben-trarbach.de
Traunstein	249	Ec52		www.traunstein.de
Trier	242	Bc44	100f.	www.trier.de
Trinitatiskirche in Wolfenbüttel	240	Dc37	34	wolfenbuettel-tourismus.de
Tropfsteinhöhlen in Rübeland	240	Dd39		www.harzer-hoehlen.de
Tübingen	247	Cc49	165	www.tuebingen.de
Tuniberg			173	www.kaiserstuhl-tuniberg-tourismus.de
Tuttlingen	247	Cc51	179	www.tuttlingen.de
Überlingen	247	Cc52		www.ueberlingen.de
Ueckermünde	237	Fb32		www.ueckermuende.de
Uelzen	240	Dc34		www.uelzen.de
Ulm	247	Da50	180f.	www.ulm.de
Usedom	237	Fa31	51	www.usedom.de
Usedomer Winkel			52	www.usedom.de
Verden	239	Da34		www.verden.de
Vierzehnheiligen	244	Dd44		www.vierzehnheiligen.de
Villa Hammerschmidt in Bonn			91	www.bonnxxl.de/portrait/hammerschmidt_d.html
Villa Hügel in Essen	242	Bd39	87	www.villahuegel.de
Villingen-Schwenningen	247	Cb50		www.villingen-schwenningen.de
Vogelpark in Walsrode	239	Db35		www.vogelpark-walsrode.de
Vogelsberg	243	Cd42	117	www.naturpark-hoher-vogelsberg.de
Volkach	244	Db45	191	www.volkach.de
Völkerschlachtdenkmal in Leipzig	245	Eb40		www.voelkerschlachtdenkmal.de
Völklinger Hütte	246	Bc46		www.unesco.de/c_arbeitsgebiete/welterbe_d15.htm
Vorpommersche Boddenlandschaft	237	Ed30	47	www.nationalpark-vorpommersche-boddenlandschaft.de
Waiblingen	247	Cd48		www.waiblingen.de
Walchensee	248	Dd52		www.walchensee.de
Waldeck	243	Cd40		www.waldeck.de
Waldshut-Tiengen	246	Ca52	177	www.waldshut-tiengen.de
Walhalla	248	Eb48		www.vg-donaustauf.de
Walldürn	247	Cd46		www.wallduern.de
Wallfahrtskirche St. Maria in Volkach			190	www.volkach.de
Wangen im Allgäu	247	Da52		www.wangen.de
Wangerooge	239	Cc31	28	www.wangerooge.de/index_norm.html
Waren	237	Ec33		www.waren-mueritz.de
Warendorf	239	Cb37	74	www.warendorf.de
Warnemünde	237	Eb31		www.warnemuende.de
Wartburg	244	Db41	124f.	www.unesco.de/c_arbeitsgebiete/welterbe_d21.htm www.wartburg-eisenach.de
Wasserburg	248	Eb51		www.wasserburg.de
Watzmann	249	Ec53	231	www.watzmann.de/der-berg
Weiden	244	Eb46		www.weiden-oberpfalz.de
Weil der Stadt	247	Cc48		www.weil-der-stadt.de
Weilburg	243	Cb42		www.weilburg.de
Weilheim i. OB	248	Dd52		www.weilheim.de
Weimar	244	Dd41	128	www.weimar.de
Weißenburg	248	Dc48		www.weissenburg.de
Welfenschloss in Gifhorn	240	Dc36	39	www.stadt-gifhorn.de
Wendelstein	248	Ea52		www.wendelsteinbahn.de
Wernigerode	240	Dc38	139	www.wernigerode.de/WRPortal
Wertheim	243	Da45		www.wertheim.de
Wesel	238	Bd38	79	www.wesel.de
Weserbergland	239	Da37	39	www.weserbergland-tourismus.de
Westerburg	242	Cb42		www.westerburger-land.de
Westerheversand	236	Cd30	8	www.leuchtturm-atlas.de/HTML/Werhev.html
Westerland (Sylt)	236	Cd28	15	www.westerland.de
Westfälisches Freilichtmuseum in Hagen	242	Ca39		www.freilichtmuseum-hagen.de
Wetzlar	243	Cc42	118	www.wetzlar.de
Wiehengebirge	239	Cc36	83	www.naturpark-terravita.de
Wiesbaden	243	Cb44		www.wiesbaden.de
Wieskirche	248	Dc52	202f.	www.unesco.de/c_arbeitsgebiete/welterbe_d04.htm www.wieskirche.de
Wilhelma	247	Cd48	166	www.wilhelma.de
Wilhelmshaven	239	Cc32		www.wilhelmshaven.de
Winterberg	243	Cc40		www.winterberg.de
Wismar	237	Ea31	42f.	www.wismar.de
Wissower Klinken			49	www.bit-kontor.de/ruegenstars/Sassnitz
Wittenberg	241	Ec38	142f.	www.wittenberg.de
Wittstock/Dosse	241	Ec34		www.wittstock.de
Wolfenbüttel	240	Dc37	34f.	www.wolfenbuettel.de
Wolfratshausen	248	Dd51	225	www.wolfratshausen.de
Wolfsburg	240	Dd36		www.wolfsburg.de
Wolgast	237	Fa31		www.wolgast.de
Wörlitz	241	Ec38	138f.	www.woerlitz-information.de
Wörlitzer Park	241	Ec38	138	www.unesco.de/c_arbeitsgebiete/welterbe_d23.htm www.woerlitz-information.de
Worms	243	Cb45	106f.	www.worms.de
Worpswede	239	Cd33	26	www.worpswede.de
Wuppertal	242	Ca40		www.wuppertal.de
Wurmberg	240	Dc39	37	www.wurmberg-seilbahn.de
Würzburg	243	Da45	191	www.wuerzburg.de
Wustrau-Altfriesack	241	Ec35	58	www.wustrau.de
Wutachschlucht	246	Cb51	176f.	www.wutachschlucht.de
Xanten	238	Bc38	79	www.xanten.de
Zeche Zollern in Dortmund	242	Ca39	80	www.zeche-zollern.de
Zeche Zollverein in Essen	242	Bd39	81	www.unesco.de/c_arbeitsgebiete/welterbe_d25.htm www.zollverein.de
Zeitz	244	Eb41		www.zeitz.de
Zella-Mehlis	244	Dc42		www.zella-mehlis.de
Zempin	237	Fa31	52	www.seebad-zempin.de
Zerbst	240	Eb38		www.stadt-zerbst.de
Zingst	237	Ed30	46 f.	www.fischland-darss-zingst.de
Zinnowitz	237	Fa31	53	www.zinnowitz.de
Zittau	245	Fc42	156	www.zittau.de
Zoo in Eberswalde	241	Fa35		www.zoo.eberswalde.de
Zugspitze	248	Dc53	226	www.zugspitze.de
Zwickau	245	Ec42	158	www.kultourz.de
Zwiesel	249	Ed48	210	www.zwiesel.de
Zwingenberg	243	Cc45	114	www.zwingenberg-neckar.de
Zwinger in Dresden	245	Fa41	148	www.schloesser-dresden.de/zwinger

Bildnachweis

Abkürzungen:

B = Bieker
C = Corbis
Hub = Bildagentur Huber
IFA = IFA Bilderteam
Mau = Mauritius
P = Premium
W = Wandmacher
Z = Zielske

Nummerierung von links oben nach rechts unten.

Titel B, 2/3 Z, 4/5 B, 6/7 Z, 7.1 P/Sekai Bunka, 7.2 Hub, 7.3 P/C&R Dörr, 7.4 Böttcher, 7.5 Z, 7.6 Getty, 7.7 Z, 7.8 IFA/Vahl, 7.9 B, 7.10 B, 7.11 P/Waldkirch, 8/9 P/Sekai Bunka, 8.1 laif/Lange, 10/11 P/Milse, 10.1 Hub, 10.2-4 P/delphoto, 12/13 Z, 12.1 laif/Specht, 12.2 Z, 14/15 Z, 14.1 laif/Selbach, 14.2 laif/A.Hub, 14.3,4 B, 14.5,6 laif/A.Hub, 14.7 B, 14.8 laif/Selbach, 16/17 laif/Selbach, 16.1 IFA/Aberkam, 16.2,3 laif/Kohlbecher, 16.4 P, 16.5 König, 16.6 P, 16.7 König, 18/19 Z, 18.1 P, 18.2 Hub, 18.3 Z, 18.4 laif/Kirchner, 18.5 Hub, 20/21 Z, 20.1 P/Wothe, 20.2,3 laif/Modrow, 21.1 Hub, 21.2 Z, 21.3 Freyer, 22/23 Z, 22.1 laif/Ebert, 22.2 laif/Modrow, 22.3 laif/Multhaupt, 22.4-6 Z, 24/25 und 24.1 Z, 24.2,3 W, 24.4,5 laif/ Modrow, 24.6 W, 25.1-3 W, 26/27 Hub, 26.1 B, 28/29 laif/Hahn, 28.1 B, 28.2 W, 29.1 B, 29.2 Hub, 30/31 Z, 30.1 laif/Zuder, 30.2 laif/Tjaden, 30.3 Z, 32/33 P/Jorens-Beldé, 32.1,2 Z, 32.3 laif/ A.Hub, 32.4 W, 32.5 Schilgen, 32.6 W, 33.1 Z, 33.2,3 W, 34/35 und 34.1 Hub, 34.2 C/Adam Woolfitt, 34.3 Mohnheim/Jochen Helle, 34.4,5 C/Adam Woolfit, 34.6 W, 36/37 Klammet, 36.1 akg/ images, 36.2,3 Freyer, 37.1 Hub/Gräfenhain/Damm, 37.2 B, 37.3 Klammet, 38/39 und 38.1 W, 38.2 DFA/Babovic, 38.3,4 W, 40/41 Alamy/© Stockmaritime, Trademark of GentCom GmbH, 40.1 laif/Kirchner, 42/43 f1 online/Steiner, 42.1,2 laif/ Kirchner, 43.1 Böttcher, 43.2 Hub, 43.3 DFA, 44/45 Z, 46/47 D.C. Zahn, 46.1 P/C&R Dörr, 46.2 laif/Aberkam, 46.3 P/C&R Dörr, 48/49 P/C&R Dörr, 48.1-49.2 Z, 50/51 laif/Adenis/GAFF, 50.1 laif/Modrow, 50.2-6 Z, 52/53 Z, 52.1 Böttcher, 53.1,2 laif/Kirchner, 53.3,4 P/C&R Dörr, 53.5 laif/Kirchner, 54/55 laif/ Kirchner, 54.1,2 Hub, 54.3 N.N., 54.4/55.1 Hub, 55.2 Böttcher, 55.3 N.N., 55.4 laif/Babovic, 56/57 Böttcher, 56.1 P/Panoramic Images, 58/59 und 58.1 laif/Zahn, 58.2 Z, 58.3 Hub, 58.4,5 Böttcher, 60/61 laif/Maecke/GAFF, 60.1 laif/Boening/Zenit, 60.2 Schilgen, 62/63 Huber, 62.1 laif/Adenis/GAFF, 62.2 laif/Langrock/Zenit, 64/65 laif/Boening, 64.1,2 Böttcher, 64.3 Mau, 64.4 laif/Galli, 64.5 Schilgen, 65.1 Böttcher, 65.2 laif/Boening, 65.3,4 laif/Galli, 66/67 laif/Zahn, 66.1 Böttcher, 67.1,2 Freyer, 68/69 laif/Boening/Zenit, 70/71 Böttcher, 70.1,2 DFA/Scheibner, 70.3 Z, 70.4 DFA/ Scheibner, 72/73 Z, 72.1 P/Sixty-Six, 74/75 Z, 74.1-3 B, 74.4 DFA, 76/77 B, 76.1-3 Romeis, 77.1-5 B, 78/79 DFA, 78.1 Klaes, 78.2 B, 79.1 Z. 79.2 laif/Wieland, 79.3 laif/A.Hub, 79.4 laif/Perkovic, 80/81 und 80.1,2 B, 80.3 laif/A.Hub, 80.4 IFA/Schlösser, 81.1 Z, 81.2 B, 81.3 Z, 81.4 DFA/Vollmer, 82/83 Z, 82.1 W, 82.2-83.2 B, 84/85 laif/Klein, 84.1 laif/Linke, 84.2 laif/Orgando, 84.3/85.1 laif/Linke, 86/87 laif/G.Huber, 86.1,2 Dietrich, 87.1 laif/G. Huber, 87.2 laif/Orgando, 87.3 laif/Linke, 88/89 Z, 88.1 Hub, 88.2 DFA, 88.3 Hub, 88.4 laif, 88.5 laif/G.Huber, 89.1 C/Ali Meyer, 90/91 IFA/Ostgathe, 90.1 Z, 90.2 Klammet, 90.3 Florian Mohnheim, 91.1,2 laif/Gaasterland, 92/93 B, 92.1 Z, 92.2-4 B, 92.5,6 laif/Kreuels, 92.7 B, 94/95 Getty, 94.1 IFA/Panstock, 96/97 IFA/Lecom, 96.1 IFA/Gich, 96.2 Hub/Klaes, 96.3,4 Hub/R. Schmid, 98/99 C/Reuters, 98.1 C/Tom Szlukovenyi, 98.2-4 C/Reuters, 100/101 Hub, 100.1 Mohnheim, 101.1 IFA, 101.2 Hub, 101.3 IFA, 101.4 P/Orion Press, 102/103 und 102.1 laif/Heuer, 102.2 laif/Eisenmann, 102.3 laif/Linke, 102.4 Hub, 102.5 P/Schulzki, 104/105 Mau, 104.1 Hub, 104.2 Z, 104.3 Hub/Gräfenhain, 104.4 laif/Gaasterland, 104.5 B, 106/107 Hub/ Schmid/Radelt, 106.1-3 Hub, 108/109 Z, 108.1 König, 108.2 B, 108.3 P, 109.1 laif/Kreuels, 109.2 laif, 110/111 Z, 112/113 laif/Emmler 112.1-3 laif/Meyer, 112.4,5 laif/Emmler, 114/115 Z, 114.1-3 Herzig, 115.1 laif/Emmler, 115.2 Z, 116/117 Wackenhut, 116.1 N.N., 116.2 laif/Modrow, 116.3 Schilgen, 116.4 laif/Modrow, 118/119 Z, 118.1 laif/Emmler, 118.2 Schilgen, 118.3,4 laif/Emmler, 118.5 Z, 118.6 Klaes, 120/121 Mau/Raimund Linke, 120.1-121.2 laif/Emmler, 122/123 Z, 122.1 Mau, 122.2 Herzig, 122.3 IFA/Everts, 122.4 Herzig, 124/125 und 124.1 Z, 124.2 C/James L. Amos, 124.3,4 photo digital GmbH, 126/127 Z, 126.1 C/James L. Amos, 128/129 laif/Babovic, 128.1 Z, 129.1 (klein) emo-pictures, 129.2 (groß) laif/Westrich, 130/131 laif/Zanettini, 130.1 laif/Babovic, 130.2-131.4 laif/Babovic, 132/133 IFA/Siebert, 132.1,2 photo digital GmbH, 132.3 Dietrich, 132.4 W, 134/135 IFA/Vahl, 134.1 IFA/Harris, 136/137 Z, 136.1 Hub, 136.2 DFA, 137.1 Herzig, 137.2 Z, 138/139 und 138.1 Romeis, 138.2 Z, 138.3 Hub, 140/141 und 140.1-4 Z, 140.5 laif/ Kreuels, 142/143 Z, 142.1 DFA/Babovic, 142.2 laif/Modrow, 142.3 DFA/Babovic, 142.4 laif/Modrow, 142.5 Z, 142.6 Mohnheim, 144/145 Z, 144.1 P/Hänel, 145.1 Z, 145.2 IFA/Fischer, 145.3 Z, 146/147 laif/ Hahn, 146.1-3 Herzig, 148/149 und 148.1,2 Z, 149.1 laif/Granser, 149.2 laif/Huber, 150/151 Z, 150.1 Staatl. Kunstsammlungen Dresden/bridgemanart.com, 150.2 Z, 152/153 und 152.1 laif/Kirchner, 152.2,3 laif/Jehnichen, 153.1 laif/ Kirchner, 153.2 laif/Huber, 154/155 und 154.1 Z, 154.2 laif/Maecke/GAFF, 154.3/155.1 Z, 156/157 und 156.1 Z, 157.1-4 Hub, 158/159 laif/Gaasterland, 158.1 Hub, 158.2 Fnoxx/ Arnulf Hettrich, 159.1 atur/Halbe/Roland, 159.2,3 transit/Thomas Haertrich, 160/161 B, 160.1 Romeis, 162/163 Romeis, 162.1 B, 162.2 Romeis, 163.1 Z, 163.2,3 Romeis, 164/165 B, 164.1 P/D. Esor, 164.2 laif/Mueller, 164.3 Hub, 164.4 Herzig, 164.5 Romeis, 164.6 Mau, 166/167 C/Herbert Kehrer, 166.1 Schilgen, 167.1 GRAFFITI/Joachim E. Roettgers, 167.2 laif/Müller, 167.3 P/Otto, 168/169 laif/Emmler, 168.1,2 B, 168.3 laif/Galli, 170/171 laif/Gonzalez, 170.1-4 B, 171.1 laif/Bungert, 172/173 Hub/R. Schmid, 172.1-3 B, 174/175 Hub, 174.1-3 laif/Eid, 175.1 B, 175.2 laif/Eisermann, 175.3 Hub, 175.4 laif/Eisermann, 175.5 laif/Raach, 175.6,7 Romeis, 176/177 Hub, 176.1,2 B, 177.1 Romeis, 177.2 Dietrich, 177.3 Mau, 177.4 Hub, 178/179 Romeis, 178.1, 2 P, 178.3 C/Roger Wilmshurst/Frantz Lane, 179.1 Z, 179.2 IFA/Stadler, 179.3 Hub, 179.4 B, 180/181 Freyer, 180.1 B, 181.1 Freyer, 181.2 C/Vanni Archive, 181.3 Freyer, 182/183 Z, 182.1-183.3 B, 184/185 laif/Emmler, 184.1 B, 184.2 laif/Emmler, 184.3/185.1 laif/Emmler, 185.2 Z, 185.3 laif/Emmler, 185.4 Z, 186/187 B, 186.1 Hub, 186.2 laif/Heuer, 186.3 Kustos, 186.4,5 B, 188/189 B, 188.1 Z, 190/191 Hub, 190.1 Z, 190.2 IFA/Rauch, 191.1 Klammet, 191.2 IFA/Photo digital, 192/193 Romeis, 192.1 C/Jim Zuckermann, 193.1 laif/Huber, 194/195 B, 194.1 Z, 195.1 Wackenhut, 195.2 Hub, 195.3 Romeis, 195.4 Z, 195.5 Wackenhut, 195.6 laif/Kirchgessner, 196/197 Z, 196.1 Freyer, 197.1 C/Elizabeth Opalenik, 198/199 Z, 198.1 Hub, 198.2 Wackenhut, 198.3 C/Arthur Thévenart, 198.4 Hub, 200/201 laif/Bialobrzeski, 200.1 C/Jon Hicks, 200.2,3 Z, 202/203 P/Panoramic Images/T.Winz, 202.1 Romeis, 202.2 Hub, 202.3 Freyer, 202.4 Hub, 202.5 Klammet, 204/205 P/Panoramic Images/T. Winz, 204.1,2 B, 204.3 Freyer, 204.4 B, 204.5 Z, 204.6 B, 206/207 Z, 206.1 Hub, 206.2 Schilgen, 206.3 Hub, 206.4 Z, 208/209 Mau, 208.1 Hub, 208.2 Mau/image broker/Bahnmueller, 210/211 Z, 210.1 IFA/Wittek, 211.1 Mau, 211.2 Delphoto, 211.3 IFA/Schulz, 211.4,5 Hub, 212/213 laif/A.Hub, 212.1 IFA/Lecom, 212.2 B, 214/215 DFA, 214.1 Attantide/Schapowalow, 214.2 Klammet/Radelt, 214.3 Hub, 216/217 Z, 216.1 laif/A. Hub, 216.2 Romeis, 216.3 Bildagentur-online/A. Forkel, 217.1 laif/A.Hub, 217.2 C/Adam Woolfitt, 218/219 IFA/Helweg, 218.1-3 Romeis, 219.1 IFA/Jon Arnold Images, 219.2 Romeis, 219.3 IFA/Siebig, 220/221 Romeis, 220.1 Franz Marc Frei, 220.2 P/Buss, 220.3 laif/ Adenis/GAFF, 220.4 laif/Henglein/ Klover, 220.5-7 Franz Marc Frei, 222/223 Franz Marc Frei, 222.1 Romeis, 222.2 IFA/Shashin Koubou, 222.3 laif/Adenis/GAFF, 222.4 laif/Back, 223.1 laif/Adenis/GAFF, 223.2 IFA/Steinberger, 224/225 Dr. C. Zahn, 224.1 LOOK GmbH/Florian Werner, 225.1 LOOK/ Heinz Wohner, 225.2 Arco Digital Image/ Harting, 225.3 C/Ray Juno, 226/227 Z, 226.1 Mau, 226.2 P, 226.3-5 B, 226.6 Romeis, 228/229 IFA/Stadler, 230/231 Bernd Ritschel, 230.1 IFA/Photo Digital, 231.1 IFA/F. Schmidt, 231.2 Mau/Westend61, 231.3 C/F. Damm/Zefa, 232/233 P/Waldkirch, 234/235 C/Michaela Rehle, 250.1,2 Z, 251.1 P/Sixty-Six, 251.2 B, 252.1 P/Panoramic Images/T.Winz, 252.2 IFA/Stadler, 252.3 IFA/Steinberger, 253.1 IFA/Helweg, 253.2 Hub/Klaes, 254.1 P/C&R Dörr, 254.2 laif/Emmler, 254.3 laif/Adenis/GAFF, 255.1 Romeis, 255.2 Z

Impressum

© 2009 Verlag Wolfgang Kunth GmbH & Co KG, München
Königinstraße 11
80539 München
Telefon +49.89.45 80 20-0
Fax +49.89.45 80 20-21
www.kunth-verlag.de

© Kartografie: GeoGraphic Publishers GmbH & Co. KG
Geländedarstellung MHM ® Copyright © Digital Wisdom, Inc.

Text: Norbert Lewandowski, Eckhard Schuster, Walter M. Weiss

Alle Fakten wurden nach bestem Wissen und Gewissen mit der größtmöglichen Sorgfalt recherchiert. Redaktion und Verlag können jedoch für die absolute Richtigkeit und Vollständigkeit der Angaben keine Gewähr leisten. Der Verlag ist für alle Hinweise und Verbesserungsvorschläge jederzeit dankbar.